EDITORIAL

> Liebe Leserin, lieber Leser,

klar können Sie an heißen Tagen Abkühlung in einem der Freibäder Münchens finden. Aber wussten Sie, dass die Isar so sauber ist, dass Sie im Herzen der Metropole im Fluss baden können – völlig kostenlos? Nur einer der vielen einmaligen Momente, die Sie in Deutschlands schönster – und teuerster – Stadt erleben können, ohne den Dispo-Kredit anknabbern zu müssen. Stürzen Sie sich ins Shopping-Abenteuer und gönnen Sie sich Edel-Outfits zum Schnäppchenpreis, genießen Sie mitreißende Gratiskonzerte oder trubelige Kulturfestivals und Museen von Weltrang zum Spartarif. In vielen Restaurants gibt's köstliche Schmankerln zu ungepfefferten Preisen, in den Hotels und Hostels der Stadt liegen Sie weich, ohne hart kalkulieren zu müssen, und selbst Münchens Schickeria-Nachtleben ist in Sachen Cocktail- und Eintrittspreise reinstes Understatement. Sie müssen nur wissen, wie, wann und wo – Fragen, die Ihnen unsere Autoren beantworten. Den Geheimtipp-Faktor gibt's gratis dazu!

Viel Spaß beim Entdecken!
wünscht Ihnen Ihr MARCO POLO Team

SYMBOLE:

 MARCO POLO INSIDER-TIPPS
Von unseren Autoren für Sie entdeckt

 KOSTENLOS
Hier zahlen Sie keinen Cent!

INHALT

CLEVER!
Sparfüchse aufgepasst! Mit diesen Tipps und Tricks können Sie zusätzlich Geld sparen oder etwas Besonderes erleben

LUXUS LOW BUDGET
Edles echt günstig! Ob Hotel-Suite, Gourmet-Lunch oder Designer-Outfit. Gehen Sie mit uns auf Schnäppchenjagd

TOP 10

> Staunen und sparen – toll, was Sie alles in München für wenig Geld entdecken und erleben können. Manches ist ganz besonders: die zehn besten Insider-Tipps

Insider Tipp **PROBEZEIT FÜR PROFIS** [141 D5]
Die öffentliche Generalprobe der Münchner Philharmoniker ist heiß begehrt. Für 10 Euro lauschen Sie dem Maestro, wenn er den Musikern den Feinschliff verpasst *(S. 33)*

Insider Tipp **ZURÜCK AN DIE UNI**
Nicht nur etwas für Studis: Für 2,40–3,30 Euro lässt sich mit der Gästekarte in den Mensen sparsam speisen. Und fade, verkochte Fertiggerichte waren gestern: Heute tischen die Unikantinen ausnahmslos frisch Zubereitetes auf *(S. 52)*

Insider Tipp **IDAS MILCHLADEN** [132 B4]
Immer wieder freitags am Nachmittag ist Schlussverkauf. Denn am Wochenende bleibt Ida zuhause. Das heißt: leckere hausgemachte Salate, Sandwichs & Co. für wenig Geld *(S. 58)*

Insider Tipp **PARSDORF CITY OUTLETS & MORE** [149 D2]
Outlet-Shopping vor den Toren der Stadt, jetzt auch sonntags. Ganze vier Mal im Jahr öffnen die über 15 Markenshops ihre Pforten auch nach der Predigt *(S. 74)*

Insider Tipp **DAMENABTEILUNG/ HERRENABTEILUNG** [139 E4]
Fashionistas sollten sich dieses Jagdgebiet nicht entgehen lassen. Als Beute winken coole Outfits lässiger kleiner Designerlabels, die noch nicht jeder kennt *(S. 76)*

DIE BESTEN LOW BUDGET
INSIDER-TIPPS

Insider Tipp **BACKSTAGE** [138 C3]

🐷 Konzerte for free, Indie-Biergarten mit Do-it-yourself-BBQ und jede Menge Partys: Das Kulturzentrum bietet sieben Tage die Woche Programm zu absolut zivilen Preisen. Und dank des S-Bahnhofs Hirschgarten ist das Clubgelände nun noch einfacher zu erreichen *(S. 89)*

Insider Tipp **RUBY** [132 B3]

Am Freitag herrscht ein einfaches Prinzip: Zwei Getränke bekommen – und trotzdem nur den einfachen Preis bezahlen. Da kann man die Begleitung schon mal ganz elegant einladen *(S. 94)*

Insider Tipp **EIN HELLES, BITTE!** [139 F3]

Im Café Kosmos fallen München-Besucher keinesfalls in eine „Preisschockstarre" – wäre ja auch noch schöner: bei 1,30 Euro für 0,25 l Helles oder 1,60 Euro für eine Flasche Astra *(S. 96)*

Insider Tipp **A&O CITY HOTEL** [139 F4]

Normalerweise lässt sich mit Facebook kein Geld verdienen, doch in diesem Fall spart man glatte 5 Prozent als Freund von A&O. Im Preis enthalten ist selbstverständlich die zentrale Lage des Hotels, womit dies ein Top-Übernachtungsschnäppchen ist *(S. 99)*

Insider Tipp **HIMMELSWERKSTATT** 🐷 [133 D3]

Weihnachtsshopping – und die kleinen Racker müssen überall mit. Das kann ganz schön stressen. Also nichts wie hin zur Himmelswerkstatt im Münchner Rathaus. Dort können die Kleinen eineinhalb Stunden basteln, malen und backen. Und das alles, ohne einen Cent zu zahlen *(S. 119)*

> München hat viele charmante Seiten – zum Beispiel ist die Metropole gar nicht so teuer wie ihr Ruf

„Einfach München" – so simple dieser neue Slogan auch sein mag, so sehr drückt er doch das Selbstverständnis der Münchner und ihrer Stadt aus. Gleiches gilt ebenso für die Heerscharen von Touristen, die alljährlich die bayerische Metropole bevölkern. Sie sind einfach ein Teil des umtriebigen Stadtlebens. Am besten einmal an einem schönen Sommernachmittag im Biergarten am Chinesischen Turm vor einer Maß feinsten bajuwarischen Gerstensafts mit Einheimischen ins Gespräch gekommen – und schon entfaltet der Slogan seine eigene Magie.

Auch die Altstadt mit ihren berühmten Sehenswürdigkeiten wie dem Rathaus, der Frauenkirche oder dem Odeonsplatz, die Shoppingmeilen mit ihren unzähligen Läden zum Stöbern und Schauen, das Olympiagelände inklusive der BMW Welt oder das quirlige Glockenbachviertel an der Isar sind Schmuckstücke, die München zum Ziel für Touristen aus aller Welt machen. Eines aber haben Sie ihnen voraus: Sie wissen, dass die hinreißenden Seiten Münchens kein Vermögen kosten müssen, auch wenn Sie eine der teuersten Städte Deutschlands besuchen. Die folgenden Seiten geben wertvolle Tipps, wie Sie von Anfang an sparen – damit Sie immer wieder vorbeischauen.

START IN DIE STADT

ANREISE

FLUGZEUG

München hat nur einen Flughafen, den Franz-Josef-Strauß-Airport *(www.munich-airport.de)*! Er liegt rund 30 km nordöstlich im Erdinger Moos und ist per S-Bahn (Einzelfahrkarte 10,80 Euro) in knapp 40 Minuten zu erreichen. Tipp: Die MVV-Tageskarte Gesamtnetz kostet zwar 12 Euro, aber man spart sich so weitere Tickets für den Tag. Eine Alternative bietet der Lufthansa-Airport-Bus *(www.airportbus-muenchen.de)*, der im 20-Minuten-Takt zwischen Flughafen, Schwabing und Hauptbahnhof pendelt. Einfacher Fahrpreis: 10,50 Euro. Wer gleich die Rückfahrt mitkauft, zahlt nur 17 Euro. Und per Auto sind es 30 bis 60 Minuten, je nach Verkehrslage. Am Flughafen München landen unter anderem Flüge von Germanwings *(www.germanwings.com)* aus Köln, Dortmund, Rostock, Berlin, Zürich, Klagenfurt und Wien. Angebote kann es hier bei rechtzeitiger Buchung bereits für 60 Euro geben. Mit Austrian Airlines *(www.austrian.com | ab 130 Euro/hin und zurück)* von Wien und Klagenfurt aus. Bei Air Berlin *(www.airberlin.com)* ist der Flug Berlin-München-Berlin ab 120 Euro zu haben. Bei der Lufthansa *(www.lufthansa.com)* gibt's die gleiche Strecke auch ab 120 Euro. Und bei TuiFly *(www.tuifly.com)* kostet die Verbindung von Köln-Bonn nach München und zurück knapp 145 Euro.

START IN DIE STADT

BAHN

Knapp acht Stunden dauert die Fahrt mit dem ICE von Hamburg gen Süden. Das beste Sparangebot der Bahn liegt bei 58 Euro für eine Rundfahrt. Interessant sind auch die DB-Angebote in Sachen Städtereisen: wie „3 für 2" für München (324 Euro), sprich drei Nächte bleiben, aber nur zwei zahlen. Im Preis inbegriffen ein 2.-Klasse-Ticket (bis 400 km), drei Hotelnächte mit Frühstück und ein Call-a-Bike-Gutschein. Das „Schönes-Wochenende-Ticket" hingegen, gültig für bis zu 5 Personen, gibt's für 40 bis 56 Euro online oder am Automaten. 2 Euro mehr kostet es direkt am Schalter. Genutzt werden dürfen ausschließlich S-Bahn, RB, IRE und RE. Reisezeiten: nur Sa oder So von 0 Uhr bis 3 Uhr des Folgetages. Innerhalb des Freistaats empfiehlt sich das „Bayern-Ticket". Ganz egal, ob als Gruppe (bis 5 Personen/43 Euro) oder Single (23 Euro), auch hier ist man hauptsächlich mit den Nahverkehrszügen unterwegs. Für Nachtschwärmer gibt's das „Bayern-Ticket-Nacht" *(Single 23 Euro, 2–5 Personen 25–31 Euro | Konditionen wie „Bayern-Ticket", aber es geht erst um 18 Uhr los, bis 6, Sa/So bis 7 Uhr | www.bahn.de).*

FERNBUS

Ein Revival erlebt zurzeit das Busfahren. Wer sich für die Partner Flixbus und Mein Fernbus entscheidet, zahlt für einen Trip in den giftgrünen Bussen durch das Land bis nach München One way ab Frankfurt ab 15 Euro, ab Berlin ab 22 Euro oder ab Hamburg ab 28 Euro. *www.meinfernbus.de, www.flixbus.de.* Ein weitere Alternative: der ADAC Postbus. Die gelben Riesen fahren ebenfalls quer durch die Republik. *www.adacpostbus.de.*

Von Vorteil: Alle bieten einen guten App-Service, der selbst Last-Minute- Buchern eine Chance bietet. Gemeinsamer Zielpunkt ist der ZOB München, der Zentrale Omnibusbahnhof in der Arnulfstr. 21, *www.muenchen-zob.de.*

AUTO

Findet man in München ein freies Plätzchen, das nicht zu einer Parkzone mit speziellem Ausweis gehört, schlägt der Zähler mit satten 50 Cent pro 12 Minuten zu. Maximale Parkdauer: 2 Stunden (5 Euro). Zentrumsnahe Parkhäuser kosten ebenso viel oder sind noch teurer. Wer also mit dem eigenen PKW anreist, sollte

Bild: Am Puls der Stadt – mit der Museumslinie 100 durch München

unbedingt darauf achten, dass sein Hotel einen Parkplatz hat. Tipp für Tagesausflügler: Zahlreiche U- und S-Bahnstationen sind mit Park-und-Ride-Plätzen *(www.parkundride.de)* versehen. Das Tagesticket kostet hier nur 0,50–1,50 Euro. Eine weitere Alternative, um nach München zu gelangen, sind die Angebote der verschiedenen Mitfahrzentralen wie *www.mitfahrzentrale.de*, *www.mitfahrgelegenheit.de* oder *www.mfz.de*. Sehr zu empfehlen ist auch der ADAC Mitfahrclub *(http://mitfahrclub.adac.de)*. Hamburg–München

kostet hin und zurück zwischen 70 und 100 Euro.

WOHIN ZUERST?

Egal ob Sie mit dem Auto, der Bahn, dem Fernbus oder dem Flugzeug angereist sind, jetzt heißt es erst einmal: ein Gefühl für München bekommen. Spüren, wie die bayerische Landeshauptstadt tickt, in welchem Rhythmus hier das Leben pulsiert. Wo sind sie, die vielen Museen, die prächtigen Boulevards, der Englische Garten, die Isar, die Biergärten? Also lassen Sie zu allererst einmal

CLEVER!

> *Mit der City Tour Card ordentlich sparen*

Ob für einen Tag oder drei, alleine *(10,90/20,90 Euro)* oder bis zu fünf Personen *(17,90/30,90 Euro)* oder fürs Gesamtnetz *(3 Tage für 32,90 Euro, Gruppe 53,90 Euro)*, mit der „City Tour Card" können Sie sich im gesamten inneren Stadtbereich mit U- und S-Bahn, Tram und Bus bewegen. Das Besondere ist die Vielfalt der Sparmöglichkeiten, die sich mit den Partnerkarten noch vervielfältigen. So lassen sich zum Beispiel bis zu 33 Prozent pro Eintritt sparen, wenn man etwa ins Spiel-

zeug-, Jagd- und Fischerei-, Bier- und Oktoberfestmuseum, Valentin-Musäum oder ins BMW Museum möchte. Zu den 70 Rabattangeboten gehören u.a.: Allianz Arena, Bavaria Filmstadt, Olympiapark, Schloss und Park Nymphenburg, Residenz, zahlreiche Stadtführungen sowie gastronomische Betriebe wie die Pfälzer Residenz Weinstube, das Weiße Bräuhaus oder das Schlosscafé im Palmenhaus. Infos unter *www.citytourcard-muenchen.com* oder über die eigene App.

ihr Auto stehen und nutzen Sie das hervorragend ausgebaute Netz der Öffentlichen Verkehrsmittel. So sparen Sie sich jegliches Parkstress samt teurer Parkplatzgebühren sowie unnötige Benzinkosten. Das passende Ticket hierfür: die „City Tour Card" (S. 10). Das Ticket ist eine Art Zwitter aus Fahrschein und Rabattmarke mit Verbilligungen für zahlreiche Attraktionen. So und nun hinein ins München-Abenteuer und aufgesprungen auf die Buslinie 100, bekannt auch als **Museumslinie**. Mit ihr tasten Sie sich an Münchens Hauptschlagader entlang. Sie führt vom Hauptbahnhof über den Königsplatz, vorbei an der Technischen Uni und den Pinakotheken zum Odeonsplatz. Von dort geht es zum Haus der Kunst über die Isar am Friedensengel und am Prinzregententheater vorbei bis zum Ostbahnhof – eine geballte Ladung Sehenswürdigkeiten. Die Unterschiede zur offiziellen Stadtrundfahrt: die Erklärungen des Reiseleiters, die man sich selbst anlesen muss (unser Tipp: Marco Polo Guide München mit Faltkarte), und der Preis. Selbstverständlich können Sie zwischendurch auch aussteigen, eine Kleinigkeit essen, den Boule-

insider tipp

spielern im Hofgarten oder den Volleyballern vor der Alten Pinakothek zusehen. Oder einfach nur das Münchner Lebensgefühl im Englischen Garten einfangen – die Tour mit der Linie 100 lässt sich schließlich auch später noch fortsetzen (s. auch S. 44).

ÖFFENTLICHE VERKEHRSMITTEL

Beim europaweiten ADAC-Test der Öffentlichen Personennahverkehrssysteme gab's für München überall eine glatte 1. Aufgeteilt sind die Stadt und ihr Umland in vier Zonen, die in Ringe aufgesplittert sind. So besteht die Innenstadtzone aus vier Ringen, die mit einer Tageskarte Innenraum (6,20 Euro) abgedeckt sind. Die Einzelfahrt, drei Stunden in eine Fahrtrichtung, kostet 2,70 Euro. Ein Schnäppchen: die Partner-Tageskarte (11,70 Euro). Mit ihr können bis zu fünf Erwachsene kreuz und quer durch München düsen. Kinder zwischen 6 und 14 Jahren zählen als eine Person. 🐷 Und wer unter 6 Jahren ist, fährt mit einer älteren Begleitperson ganz umsonst. Noch mehr Sparvarianten: Im Innenraum mit den Ringen 1 und 2 hat man

nicht nur die wichtigsten touristischen Sehenswürdigkeiten abgedeckt, sondern spart ordentlich mit einer Wochenkarte für nur 14,10 Euro *(Mo–So)*. Der Hit ist aber die „City Tour Card" (S. 10) mit Zusatzvergünstigungen. Fahrkarten gibt's an den MVV-Automaten, -Schaltern oder in Geschäften mit dem MVV-Logo.

RADELN

Willkommen in der Radl-Hauptstadt! Ob immer an der Isar entlang oder vom Marienplatz zum Lerchennauer See, insgesamt 1200 km bestens ausgebaute Fahrradwege bietet das Münchner Radwegenetz. Eine wunderschöne Tour führt Sie zum Beispiel abseits des Straßenverkehrs an der Isar entlang von Norden nach Süden und wieder zurück. Auf der Strecke laden zudem zahlreiche Biergärten zur Rast im Grünen ein. Wem das noch nicht genügt: Ein kühles, kostenloses Bad in der Isar ist auch sehr erfrischend.

Auf der Website www.muenchen. de/Rathaus/Stadtverwaltung (>Referat für Gesundheit und Umwelt> Umweltinfo>Mobilität und Verkehr) findet man einen digitalen Radlstadt-

plan bzw. Adressen, bei denen man die Druckversion kostenlos erhält. Außerdem beinhaltet die Site den MVV-Radtourenplaner, in den eine MVV-Fahrplanauskunft integriert ist.

Und wer ohne eigenes Velo angereist ist, kann sich bei Radius Tours & Bike Rental *(Tel. 089 54 34 87 77 20 | www.radiusmunich.com)* ein City-Bike zum 24-Stunden-Preis von 17 Euro mieten. Im Angebot sind auch Sporträder sowie E-Bikes. Bei Spurwechsel Stadtführungen *(Tel. 089 692 46 99 | www.spurwechsel-muenchen.de)* sind 17,50 Euro/Tag fällig. Nicht nur lustige Münchenerkundungen in Englisch bietet Mike's Bike Tours & Rentals *(Tel. 089 25 54 39 87 | www.mikesbiketours.com),* sondern auch bequeme Cruiser-Fahrräder für 17 Euro am Tag. Mit eigener App am Start: Call a Bike *(www.callabike-interaktiv.de),* der Radlverleih der Deutschen Bahn. Der 24-Stunden-Preis beträgt 15 Euro. Bahn-Card-Besitzer und Studenten sparen 6 Euro. Eine weitere Alternative bietet die Firma nextbike *(www.nextbike. de)* über deren App sich spielend leicht die Fahrräder für 9 Euro pro Tag ausleihen lassen.

Bild: Schöner geht's nimmer – kreuz und quer durch die Isarmetropole mit dem Fahrrad

START IN DIE STADT

12 | 13

TOP 10

> Das sollten Sie nicht verpassen! Auch wenn der eine oder andere Eintritt nicht immer den Geldbeutel schont, diese Sehenswürdigkeiten gehören zu München einfach dazu

★ 1 BMW WELT [135 F2]

Die architektonische Visitenkarte des Automobilherstellers ist spektakulär und futuristisch. *BMW-Welt kostenlos, BMW Museum 10 Euro | tgl. 9–18 Uhr | Am Olympiapark 1 | www.bmw-welt.com | U 3 Olympiazentrum | Milbertshofen*

★ 2 DEUTSCHES MUSEUM [140 C5]

Das von der Isar umflutete technische Museum ist so riesig, dass man eigentlich drei Tage braucht, um alle Themengebiete von Bergbau bis Kommunikation komplett aufzusaugen *(S. 119)*

★ 3 FRAUENKIRCHE [133 D3]

Die ehemalige Heimat von Papst Benedikt XVI. heißt eigentlich „Dom zu Unserer Lieben Frau" und wurde 1468 bis 1494 erbaut. Die Münchner verkürzten über die Jahrhunderte hinweg einfach den Namen auf Frauenkirche oder Marienkirche. Heute zählt der spätgotische Backsteinbau mit all seinen Besonderheiten zu einem der Wahrzeichen Münchens. *Tgl. ab 7 Uhr | Frauenplatz 12 | www.muenchner-dom.de | U 3, 6, S 1–4, 6–8 Marienplatz | Zentrum*

★ 4 HOFBRÄUHAUS [133 E3]

Die Mutter aller Wirtshäuser in München bietet tagtäglich eine Art „Oktoberfest light" und die Möglichkeit, zu überprüfen, warum Bier und Schweinsbraten in Bayern zum Inventar gehören. In der Hofbräuhaus Ausstellung gibt's einiges aus der 400-jährigen Geschichte zu erfahren *(S. 51)*

★ 5 KUNSTAREAL MÜNCHEN [140 B2]

Große Tempel der schönen Künste – alle in Laufweite voneinander entfernt: die drei Pinakotheken *(S. 27)*, Museum Brandhorst, Glyptothek *(S. 27)*, Antikensammlung, Lenbachhaus und weitere kleine Museen und Galerien. *www.pinakothek.de | U 2 Königsplatz | Maxvorstadt*

OLYMPIAPARK & FERNSEHTURM [135 E3]

Auf den Trümmern des Zweiten Weltkriegs entstand in den 1960er-Jahren dieses in seiner Bauart einzigartige Gelände, das seit Olympia 1972 Millionen von Sport- und Konzertfans in seinen Bann zieht. *Spiridon-Louis-Ring | www.olympiapark-muenchen.de | U 3, 6 Olympiazentrum | Milbertshofen*

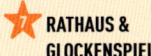

RATHAUS & GLOCKENSPIEL [133 D3]

Das Neue Rathaus hat nur 100 Jahre auf dem Buckel und ist eine der meistbesuchten und fotografierten Sehenswürdigkeiten Münchens. Täglich wiederholt sich mehrmals die Zeremonie, wenn Tausende auf dem Platz die Köpfe in die Höhe recken, um das Glockenspiel zu bestaunen. *Glockenspiel März–Okt. 11, 12, 17, Nov.–Feb. 11, 12 Uhr | Marienplatz | U 3, 6, S 1-8 Marienplatz | Zentrum*

RESIDENZ MIT HOFGARTEN [133 E1]

Das alte weitläufige Stadtschloss umfasst insgesamt zehn Höfe. Der angrenzende Hofgarten ist ein beliebter Treff zum Boulespielen und die angenehmste Verbindung zwischen Innenstadt und Englischem Garten *(S. 27)*

SCHLOSS NYMPHENBURG [138 A1]

Die 1664 erbaute Sommerresidenz gehört zu den wichtigsten Königsschlössern Europas. *Schloss: April–Mitte Okt. 9–18, Mitte Okt.–März 10–16 Uhr; Park: Jan.–März, Nov./Dez. 6–18, April/Okt. 6–20, Mai–Sept. 6–21.30 Uhr | www. schloss-nymphenburg.de | Tram 17 Schloss Nymphenburg | Nymphenburg-Neuhausen*

VIKTUALIENMARKT [133 D4]

Um ein Gespür für München und seine Menschen zu bekommen, sollten Sie unbedingt dem ureigenen Lebensgefühl der Metropole nachspüren. Der perfekte Ort dafür liegt seit 1807 im Herzen der Stadt: der Viktualienmarkt mit dem urigen Biergarten und all seinen bunten Standln, an denen Obst und Gemüse, Brot, Gewürze, Wild, Fisch und viele andere Köstlichkeiten angeboten werden. *Mo–Sa 10–18 Uhr | U 3, 6, S 1–4, 6–8 Marienplatz | Altstadt*

> Nicht nur das größte kostenlose Festival Deutschlands beweist: Kultur in München kostet nicht die Welt

Kultur zum Spartarif – klingt komisch, ist aber so! Kostenloser oder vergünstigter Eintritt bei Festivals und Konzerten, ins Theater und in Lesungen, bei Filmvorführungen, Ausstellungen und vielem mehr ist auch in einer Stadt wie München möglich. Das entzückt nicht nur Kunstfreunde, sondern begeistert vor allem auch Neulinge in der Welt der Klassik, des Theaters und der Ausstellungen. Im Lothringer 13 etwa, der Kunsthalle der Stadt, können Sie völlig gratis zeitgenössische und experimentelle Kunst genießen. Oder das kostenlose Ladenschlusskonzert im Gasteig: Es bietet klassische Musik als Krönung Münchner Shoppingerlebnisse. Am Sonntag dann zahlen Sie für viele der weltberühmten Museen der Isarmetropole gerade mal 1 Euro Eintritt. Und selbst bei einem so wichtigen Event wie dem Filmfest München können Sie Open-Air-Kino zum Nulltarif erleben – in lauen Sommernächten eine tolle Sache. Ob exklusive Generalproben der Philharmoniker oder U2 und AC/DC kostenfrei vom Olympiaberg aus: München bietet jede Menge Kultur zum Schnäppchenpreis. Da ist es nur logisch, dass mit dem Musiksommer des Theatron an der Isar das größte kostenlose Festival Deutschlands stattfindet.

KULTUR & EVENTS

FESTIVALS

FEIERWERK 🐷 [139 D5]

Auf dem dreitägigen „Make or Break"-Festival (Ende April) im Feierwerk gibt es von Indiepunk über Reggae bis Death Metal so ziemlich jede Stilrichtung zu hören. Das Beste daran: Alle Konzerte sind gratis. Das Festival findet von Donnerstag bis einschließlich Samstag statt. Drei Tage lang hat das Kulturzentrum im Münchner Westen Musiker aus dem In- und Ausland eingeladen. „Bei dem Angebot dürfte für jeden Geschmack etwas dabei sein", meint denn auch Feierwerker Christian Kiesler, der das Festival organisiert. Insgesamt besteht die Location aus sechs Spots: Hansa 39, Kranhalle, Orangehouse, Sunny Red, Farben-laden und der Skateboard-Park. For free sind auch die monatlichen Eventreihen Die.Bass.Kafé (Dienstagstreff für Reggae-Fans) oder Sendling Boogie Breakz (Konzert & Party). *Eintritt frei | Hansastr. 39–41 | Tel. 089 72 48 80 | www.feierwerk.de | Bus 131, 132 Hansapark | Sendling*

FREE & EASY 🐷 [138 C3]

Free & Easy – eine der besten Veranstaltungen in München. Mehr als zwei Wochen lädt das Backstage (S. 89), eine Kombination aus Club, Halle und Biergarten, zu Konzerten, Lesungen und Diskussionen zum Nulltarif – nur die Kinovorstellungen kosten. Dabei lassen sich die Macher beim Programm nicht lumpen. Gut zwei Dutzend Räume und Höfe des neuen

Künstlerdorfes an den Bahngleisen im Münchner Westen verwandeln sich zur Bühne. Szenegrößen wie der Ex-„Titanic"-Chef Thomas Gsella lesen da schon mal an einem Abend aus ihren neuesten Werken. 80 Bands, DJs und Künstler finden in dieser kreativen „Hinterhof-Idylle" ihren Spielraum. Dabei bleibt sich das Backstage treu und spricht sein Stammpublikum abseits des Mainstreams an: Reggae, Ska, Mundart-Rock, Performance und vieles mehr stehen auf dem vielseitigen Programm. *Eintritt frei | Reitknechtstr. 6 | Tel. 089 126 61 00 | www.backstage.eu | S 1, 2, 4–6, 8 Hirschgarten | Neuhausen*

LANGE NACHT DER MUSIK

Einmal im Jahr stellen rund 100 Bühnen ein riesiges Musikspektakel auf die Beine – zu einem unschlagbaren Preis: In der Münchner Innenstadt werden dann für gerade einmal 15 Euro über 400 Livekonzerte und Tanzdarbietungen, Kabarettprogramme und Führungen rund um das Thema Musik geboten. Mit dem Kombiticket erhalten Besucher Zutritt zu allen Veranstaltungen und können zusätzlich die Shuttlebusse des Münchner Verkehrsverbundes

nutzen. Der Clou: Eine vorgegebene Route gibt es nicht – jedem steht es frei, seinen eigenen Konzertplan zusammenzustellen. *Eintritt 15 Euro inkl. MVV | www.muenchner.de/musiknacht*

STADTGEBURTSTAG 🐷 [133 D2–4]

München feiert seinen Geburtstag ausgiebig und fröhlich und lädt deshalb immer Mitte Juni zwei Tage lang zum internationalen Bürgerfest in die Innenstadt ein. Zwischen Sendlinger Tor und Odeonsplatz unterhalten Straßenkünstler, Gaukler und Musiker das Publikum. Neben Performancekunst und Konzerten gibt es auch ein breites Angebot für Kinder und Familien zum Nulltarif. *www.stadtgruendungsfest-muenchen.de | U 3, 6, S 1–4, 6–8 Marienplatz | Zentrum*

ST. PATRICK'S DAY MÜNCHEN 🐷 [140 C1–3]

Über 25 000 Besucher pilgern jährlich zur größten St.-Patrick's-Day-Parade auf dem europäischen Festland. Und das hat seinen Grund: Denn neben dem farbenprächtigen Umzug, der sich über Münchens Jubelmeile hinweg schlängelt, findet zum Abschluss der Feierlichkeiten immer ein großes irisch-bayerisches Fest statt. Dort treten unter anderem auch bekannte Bands und zahlreiche international ausgezeichnete Tänzer auf. Höhepunkt ist dabei alljährlich der abschließende Ceili-Tanz, bei dem sich der Odeonsplatz stets in einen riesigen Tanzboden verwandelt. *Eintritt frei | Anfang März | zwischen Leopoldstraße und Odeonsplatz | www.stpatricksday.de | U 4, 5 Odeonsplatz*

100 Bühnen, 400 Konzerte: Kunstfreunde flanieren durch die Lange Nacht der Musik

STREETLIFE FESTIVAL
CORSO LEOPOLD [140 C1–2]

„Was kann eine Straße alles sein?", haben sich die Schwabinger gefragt. Die Antwort: ein Platz für eine riesengroße Fete. Zweimal im Jahr (Juni und September) verwandeln sich die Münchner Prachtstraßen Leopold- und Ludwigstraße in eine autofreie Kulturmeile. Geboten werden Straßenkunst, Musik und Tanz von brasilianischen Trommlern und Münchner Bands, Sport und Spiel sowie Infostände von Greenpeace & Co., die die entspannte Atmosphäre während des Festivals nutzen, um für ihre Sache zu werben. Die Lokale bauen Cocktailbars, Kaffeestände und Imbisse auf. Sich ohne Verkehr auf der Straße frei zu bewegen, zu relaxen, zu swingen und zu tanzen, ist nicht nur für Schwabinger ein echtes Highlight! *Eintritt frei | Ludwig-/Leopoldstr. | Tel. 089 890 6 4 68 42 | www.streetlife-festival.de, www.corso-leopold.de | U 3–6 Giselastraße, Universität, Odeonsplatz | Schwabing*

STUSTACULUM [137 E1]

Münchens „kultureskes" Theater – wie es sich selbst nennt – und das Musikfestival StuStaCulum, kurz für StudentenStadt-SpectaCulum, finden jedes Jahr zwischen Mai und Juni in der Studentenstadt in Freimann statt. Dem Budget der Studiosi entsprechend sind auch die Preise: Unter 10 Euro kostet der Eintritt für rund 100 Auftritte unterschiedlichster Künstler – und das an vier Tagen!Dabei ist Spaß garantiert, denn die StuStaCulum-Philosophie lautet: Musik, Theater, Kleinkunst, Sonne, Bier, Cocktails und fröhlich feiern bis in die frühen Morgenstunden. *Eintritt unter 10 Euro | Studentenstadt Freimann | Tel. 089 32 45 01 27 | www.stustaculum.de | U 6 Studentenstadt | Freimann*

THEATRON MUSIKSOMMER [135 E3]

Der Theatron Musiksommer ist aus dem Kulturkalender Münchens nicht mehr wegzudenken. Das Festival bietet fast den ganzen August Events auf der Open-Air-Bühne am Olympiasee – und zwar umsonst! Über 50 Konzerte, ein Dutzend Kurzfilme und die wunderbare Kulisse des Amphitheaters am Olympiasee ziehen jedes Jahr bis zu 100 000 Zuschauer an. Eingeläutet und abgerundet wird das Ganze mit einem Feuerwerk. Die Newcomer

KULTUR & EVENTS

der Musik- und Kurzfilmszene können beim Theatron Open Air ihre Karriere starten. Zu Pfingsten findet zudem ein dreitägiges Festival statt (S. 31). *Eintritt frei | Olympiapark | www.theatron.de | U 3 Olympiapark | Schwabing*

TOLLWOOD

Das alternative Festival ist Treffpunkt für Althippies und Lohas – und der 🐷 Großteil der Veranstaltungen ist kostenlos! Ein bisschen Woodstock-Feeling liegt bei der Sommerausgabe in der Luft: Livemusik, Theater und Performancekunst gibt es zu entdecken, hinzu kommt ein breites Angebot an Fair-Trade-Ständen und Biogastronomie. Außerdem bietet das Zeltspektakel im Olympiapark – teilweise zum Nulltarif – eine aufregende Mischung internationaler Musiker, Bands und Theatergruppen.

Wenn die warmen Tage vorbei sind, heißt die Frage: Glühwein oder Feuerzangenbowle. Denn von der letzten Novemberwoche bis Ende Dezember empfängt das Tollwood seine Besucher mit einem Weihnachtsmarkt. Dabei geht es ähnlich alternativ wie im Sommer zu. Neben Plätzchen, Zimtäpfeln und Kartenlesern locken Theaterstücke, Kabarett und Musik in den Zelten – und das überwiegend gratis. *Eintritt frei | Sommer-Tollwood: Olympiapark | U 3 Olympiazentrum | Schwabing* [135 E4]; *Winter-Tollwood: Theresienwiese | Tel. 089 383 85 00 | U 4, 5 Theresienwiese | Ludwigsvorstadt* [139 E/F4-5]; *www.tollwood.de*

FILM

FILMFEST MÜNCHEN [141 D5]

Während des einwöchigen Filmfests gibt es 🐷 eine ganze Reihe kostenloser Veranstaltungen abseits der Kinosäle. Bei schönem Wetter ein absolutes Muss ist das Filmfest Open Air am Gasteig. An lauen Sommernächten quillt der Platz regelrecht vor Besuchern über, die die Filme sehen wollen, die ab 21.45 Uhr über die Leinwand flimmern. Auch einen Besuch wert: die Open Lounge! Hier treffen sich Stars, Kreative, Cineasten und Partygänger zum lockeren, kulturellen Austausch samt Partybeats. *Eintritt frei | Gasteig | Rosenheimer Str. 5 | www.filmfest-muenchen.de | S 1–4, 6–8 Rosenheimer Platz | Haidhausen*

Ebenfalls gratis ist die 🐷 Veranstaltung filmtonart in den Funkhausstudios des Bayerischen Rundfunks.

Bekannte Regisseure wie die Oscar-gewinnerin Caroline Link, Komponisten und Musiker diskutieren dann mit allen Interessierten über Film und Musik. Dort können Sie beispielsweise auch live miterleben, wie Filmmusik entsteht. *Eintritt frei, Anmeldung erforderlich | Funkhausstudios des Bayerischen Rundfunks | Informationen und Anmeldung unter www.br-online.de/filmtonart*

Zum nicht gänzlich kostenlosen Culture Clubbing lädt alljährlich das Studentenwerk. Zuerst gibt es Filmkunst mit Talk, im Anschluss eine fette Party, die in wechselnden Locations stattfindet. *Eintritt frei für Studierende, sonst 5 Euro | Museumsinsel 1 | www.filmfest-muenchen.de | S 1–4, 6–8 Isartorplatz, Tram 18 Deutsches Museum | Zentrum*

GASTEIG OPEN VIDEO 🐷 [141 D5]

Fans der digitalen Kunst zieht es im Winter zur offenen Plattform für Videokunst im Gasteig. Open Video heißt das mehrwöchige Angebot, das Münchner Künstlerinnen und Künstlern, nationalen wie internationalen Teilnehmern, Amateuren wie Profis ermöglicht, ihre Arbeiten auf Großleinwand zu präsentieren. Am Digital--Analog-Abend sind mehr als 120 Videos aus 17 Ländern zu sehen. Die Beiträge werden im Celibidache-Forum und im Foyer des Carl-Orff-Saals präsentiert. Termine auf der Homepage. *Eintritt frei | tgl. 18.30–22.30 Uhr | Celibidache-Forum, Glashalle, 1. OG | Rosenheimer Str. 5 | Tel. 089 48 09 80 | www.gasteig.de, www.digitalanalog.org | S 1–4, 6–8 Rosenheimer Platz | Haidhausen*

KUNST

ALTE WIEDE FABRIK 🐷 [148 C2]

Kunst meets Industrie – vor Jahrzehnten brodelte es noch gewaltig in den Kesseln der Alten Wiede Fabrik. Heute präsentiert sich das Gelände als Künstlerkolonie. Die rund 25 Künstler öffnen zweimal im Jahr ihre Ateliers und Werkstätten. Dabei zeigen sie nicht nur ihre Arbeiten, sondern laden auch Gastkünstler ein – Eintritt frei! Dies gilt auch für die täglichen Führungen, bei denen ein Professor der Kunstakademie mit Besuchern das Gelände durchstreift. Einzigartig in München: das Zusammenspiel aus Industrieanlagen, moderner Wohnkultur und kreativen Ateliers. Frau der ersten Stunde war Claudia Grögler. Im Jahr 1992 richtete die Münchner Malerin als erste ihr Atelier in einem der alten Fabrikgebäude ein. Weitere ihrer Kolleginnen und Kollegen folgten, bis schließlich die ganze Fabrik komplett in Künstlerhand war. *Eintritt frei | Jan. und Juli | Rambaldistr. 27 | Termine unter www.wiede-fabrik.de | S 8 Johanneskirchen | Johanneskirchen*

DOMAGKATELIERS 🐷 [137 D1]

Die Künstlerkolonie im Münchner Norden samt ihrem Städtischen Atelierhaus, dem Haus50, bietet einen guten Querschnitt der Münchner Kunstszene. Zugleich findet hier auch ein Austausch mit internationalen Künstlern statt. Wer gerne einmal einen Blick hinein in die über 100 Ateliers und Studios werfen möchte, hat dazu Gelegenheit an den „Künstlersonntagen" *(jeden 3. Sonntag, 15–18 Uhr)* und an den „Offenen Ateliertagen" (Termine über die Homepage). Darüber hinaus werden kostenlose Atelierrundgänge angeboten, bei denen man die Künstler auch persönlich im Gespräch kennenlernen kann. *Eintritt frei | Domagkstr. 33, Städtisches Atelierhaus 50 | Tel. 089 32 18 68 14 | www.domagkateliers.de | U 6 Alte Heide, Bus 50, 123 Alfred-Arndt-Straße | Schwabing-Freimann*

LOTHRINGER 13 🐷 [141 D5]

Die Städtische Kunsthalle München lebt von ihrem ambitionierten Programm und den inspirierenden Räumlichkeiten in einer ehemaligen Fabrikhalle. Die Lothringer Kuratoren haben den Schwerpunkt ihrer Ausstellungen auf experimentelle und zeitgenössische Kunst gelegt: Videoinstallationen, junge Fotografen und Illustratoren. *Eintritt frei | Öffnungszeiten je nach Veranstaltung | Lothringer Str. 13 | Tel. 089 448 69 61 | www.lothringer13.de | Tram 19, S 1–4, 6–8 Ostbahnhof | Haidhausen*

OPEN ART 🐷

Mit dem Kunstwochenende Open Art eröffnen 65 Galerien zeitgenössischer Kunst gemeinsam die neue Saison nach der Sommerpause. Jedes Jahr haben am zweiten Wochenende im September Interessierte die Möglichkeit, Kunst für lau zu sehen, wie etwa in der kleinen Galerie Francoise Heitsch *(Amalienstr. 19 | www.francoiseheitsch.de)* im Univiertel. Außerdem finden gratis Podiumsdiskussionen statt – beispielsweise im Haus der Kunst mit unterschiedlichen Vertretern der Kulturszene. Spezielle Führungen wie in der Hypokunsthalle

Labor für die Kunst: Zeitgenössisches und Experimentelles in der Platform 3

kosten um die 5 Euro, was immer noch ein Schnäppchen ist. Top: 🐷 kostenloser Taxi-Shuttle zu den Galerien außerhalb des Zentrums. *Zweites Septemberwochenende | www.open art.biz*

PLATFORM 3 🐷   [146 A3]

Mit diesem Projekt fördert die Stadt die zeitgenössische Kunst. Das Team der Jungkuratoren, das die Stadt München hier ausbildet, ist am Puls der Zeit: experimentelle Musikper-

(Haus 60, 3. Stock) | Tel. 089 32 49 00 90 | www.platform-muenchen.de | U 3 Aidenbachstraße | Sendling

MUSEEN

HYPOKUNSTHALLE [133 D2]

Vor allem montags schauen kulturinteressierte Sparfüchse vorbei, denn da kostet der (je nach Ausstellung variierende) Eintritt nur den halben Preis. Wer in Sachen Kunst nicht so bewandert ist, kann einen Kunsthistoriker *(60–90 Minuten ab 95 Euro)* buchen, der ihn durch die Ausstellung begleitet. Es sind auch Audioguides (5 Euro) erhältlich. Neu ist die Familienkarte für 22 Euro, gültig auch für Großeltern und Enkelkinder (6–18 Jahre). *Eintritt variiert, Mo halber Preis | tgl. 10–20 Uhr | Theatinerstr. 8 | Tel. 089 22 44 12 | www.hypo-kunsthalle.de | U 3–6 Odeonsplatz | Zentrum*

LANGE NACHT DER MUSEEN

Für schlappe 15 Euro (inkl. Busticket) alle Münchner Museen von 19–2 Uhr morgens besuchen, das ist schon ein besonderes Kulturhappening. Abgerundet wird der Kunstgenuss mit spannenden Führungen und Performances. *Eintritt 15 Euro inkl. MVV | www. muenchner.de/museumsnacht*

formances, Vorträge, Filmprogramme und Kunstausstellungen zum Nulltarif. Die Platform 3 beherbergt zudem Ateliers, die gelegentlich auch Besuchern zugänglich sind. *Eintritt frei | Mo–Fr 10–18 Uhr | Kistlerhofstr. 70*

MEMORY LOOPS 🐷

Kunstobjekt und riesiges, öffentlich begehbares Museum, das sich gegen das Vergessen richtet. Insgesamt 60 markante Münchner Orte wurden mit kleinen Tafeln versehen, über die man Informationen zu den Opfern des NS-Regimes erhält. Die mehr als 300 Tonspuren der Künstlerin Michaela Melián können kostenlos über QR-Codes abgerufen werden, oder man lädt sich die Memory-Loops-App gratis aufs Smartphone. *www.memoryloops.net*

MÜNCHNER STADTMUSEUM   [133 D4]

Seit dem 850. Geburtstag der Stadt hat sich die Schau „Typisch München!" zum absoluten Besucherhit entwickelt. Wer etwas über die Geschichte der 1158 gegründeten Bayerischen Landeshauptstadt erfahren möchte, folgt den spannenden Audiopfaden durchs Museum. Weitere sehenswerte Sammlungen im Haus: Nationalsozialismus in München, Puppentheater und Schaustellerei sowie Musik. Über das Jahr verteilt sind außerdem verschiedene Sonderausstellungen zu sehen. Unbedingt den Museumsshop besuchen! Dort finden Sie nicht nur in Hülle und Fülle originelle München-Souvenirs, sondern auch zwei Stände mit wirklich urigem Auer-Dult-Trödel. Sparfüchse aufgemerkt! Mit der Städtischen Kombikarte – entspricht der Eintrittskarte – erhält man am gleichen Tag für die Städtischen Museen Villa Stuck, die Galerie im Lenbachhaus sowie für das Jüdische Museum 50 Prozent Rabatt auf den dortigen Eintritt. *Eintritt ab 4 Euro | Di–So 10–18 Uhr | St. Jakobsplatz 1 | Tel. 089 23 32 23 70 | www.stadtmuseum-online.de | U 3, 6, S 1–4, 6–8 Marienplatz | Zentrum*

MUSEUMSPORTAL MÜNCHEN 🐷

Das ist endlich mal ein Service, der nicht nur jede Menge Zeit, sondern auch Geld spart. Dank der Zusammenarbeit der Münchner Museen sowie verschiedener Ausstellungshäuser mit dem Infopoint Museen und Schlösser in Bayern entstand dieses übersichtliche Portal. Angefangen bei den „Ausstellungen" bis zu den „Mobilen Angeboten" sowie den Preisen – ein kurzer Klick auf „Eintritt frei" und schon freut sich auch die Urlaubskasse. Auch andere Sparangebote werden hier aufgelistet. *www.museen-in-muenchen.de*

RESIDENZ MIT HOFGARTEN [133 E1–2]

Der  Besuch der Allerheiligen-Hofkirche oder des Hofgartens samt Hofbrunnenwerk schlägt mit erfreulichen 0 Euro zu Buche. Die übrigen Räume des Wohn- und Regierungssitzes der bayerischen Herzöge, Kurfürsten und Könige sind leider nicht ganz umsonst zu besichtigen. Sparfüchse greifen aber auf die Gesamtkarte für 13 Euro zurück. Denn dieses Ticket ermöglicht den Zugang zu Räumen,

CLEVER!

> **Für 1 Euro ins Reich weltbekannter Museen**

Hier öffnen sich sonntags für nur 1 Euro die Pforten: In der Neuen Pinakothek (*Barerstr. 29 | Tel. 089 23 80 50 | U 2 Theresienstraße | Tram 27 Pinakotheken | Maxvorstadt*) warten europäische Malerei und Skulptur des 18. und 19. Jhs., in der Pinakothek der Moderne (*Barerstr. 40 | Tel. 089 23 80 53 60 | U 2 Theresienstraße | Tram 27 Pinakotheken | Maxvorstadt*) Kunst des 20. und 21. Jhs. Tipp: mit der **Gratis-App pARTcours** auf kulturelle Schnitzeljagd durch die Alte oder Neue Pinakothek gehen! In der Schack-Galerie (*Prinzregentenstr. 9 | Tel. 089 23 80 52 24 | U 4 Prinzregentenplatz | Lehel*) finden sich Gemälde aus dem 19. Jh. Im Geologischen Museum (*Luisenstr. 37 | Tel. 089 21 80 65 13 | U 2 Theresienstraße | Tram 27 Pinakotheken | Maxvorstadt*) geht's ins Reich der Kristalle, das Bayerische Nationalmuseum (*Prinzregentenstr. 3 | Tel. 089 211 24 01 | www. bayerisches-nationalmuseum.de | U 4 Prinzregentenplatz | Lehel*) bietet Kunst- und Kulturgeschichte. Das Ägyptische Museum (*Gabelsbergerstr. 35 | Tel. 089 28 92 76 30 | www.smaek.de | U 2, 8 Königsplatz | Maxvorstadt*) bietet über 5000 Jahre Kunst und Kultur des alten Ägypten. Die Glyptothek (*Königsplatz 3 | Tel. 089 28 61 00 | www.antike-am-koenigsplatz.mwn.de | U 2 Königsplatz | Maxvorstadt*) begeistert mit Antikensammlungen. Im Museum Mensch und Natur (*Schloss Nymphenburg Nordflügel | Tel. 089 179 58 90 | www.musmn.de | Tram 17, Bus 51 Schloss Nymphenburg | Nymphenburg*) sollten Sie die Erklärungen des Komikers Otto Waalkes nicht verpassen – im 1. Stock in der Abteilung „Mensch".

die sonst alle einzeln Eintritt kosten – wie das Museum, die Schatzkammer oder das Cuvilliés-Theater. So spart man 4,50 Euro und kann die komplette Residenz besichtigen.

Einen Tag im Jahr gibt es allerdings, an dem der Eintritt in die Residenz frei ist. "Von der Probe bis zum Festkonzert" lautet die Devise für den Tag der offenen Tür des BR. Dann öffnet das Symphonieorchester des Bayerischen Rundfunks die Pforten zu den Sälen der Münchner Residenz: Proben, Konzerte, Workshops und Schnupperunterricht. Auch der Chefdirigent Mariss Jansons lässt sich über die Schulter schauen. Interaktive Workshops mit Musikern des Orchesters und Schnupperunterricht mit Tipps von erfahrenen Orchestermusikern stehen auf dem Programm. Für einige Kurse muss man sich anmelden. Eltern aufgepasst! Der eigene Kinderwagen muss geparkt werden, dafür stehen aber kostenlose Museums-Buggys zur Verfügung. *Eintritt ab 7 Euro | tgl. April–Mitte Okt. 9–18, Mitte Okt.–März 10–17 Uhr | Residenzstr. 1 | www.residenz-muenchen. de, www.br-online.de | U 3–6 Odeonsplatz | Zentrum*

VALENTIN-MUSÄUM [133 F4] Insi Tip

Mit viel Mühe und Sorgfalt wurde ein Teil des Karl-Valentin-Nachlasses zu einer höchst amüsanten Ausstellung zusammengestellt. Überhaupt ist hier alles sehr skurril – die Öffnungszeiten etwa. Jeden ersten Freitag im Monat gibt es ein Programm bei der Abendöffnung bis 21.59 Uhr. Den Eintritt gibt's zum Schnäppchenpreis für Erwachsene für 2,99 Euro. Kinder, Schüler, Studenten zahlen 1,99 Euro. Wer in die seltene Kategorie der 99-Jährigen in Begleitung der Eltern fällt, hat freien Eintritt. Ach ja, Führungen finden an jedem 2. geraden Samstag im Monat jeweils um 15.01 Uhr statt. Tipp: auf jeden Fall im Turmstüberl auf eine Tasse "Tante Paula" einkehren. *Eintritt 2,99 Euro | Mo, Di, Do 11.01–17.29, Fr/Sa 11.01–17.59, So 10.01–17.59 Uhr | Volkssängerlokal im Isartor | Tel. 089 22 32 66 | www. valentin-musaeum.de | S 1–4, 6–8 Isartor | Zentrum*

VILLA STUCK [141 D3]

Der Münchner Malerfürst Franz von Stuck (geb. 1863) schuf sich unweit des Friedensengels sein eigenes Künstlerreich, das selbst Jahrzehnte nach seinem Tod (1928) nichts von

KULTUR & EVENTS

der mondänen Faszination eingebüßt hat. In den 1960ern wurden letzte Kriegsschäden beseitigt, und aus der einstigen Künstlervilla wurde das Museum Villa Stuck. 1992 ging das Haus dann in städtischen Besitz über. **Tipp: 50 Prozent Ermäßigung mit der Städtischen Kombikarte** (s. Stadtmuseum). *Eintritt ab 4 Euro, 🐷 Eintritt frei: Friday late, jeden 1. Freitag im Monat 18–22 Uhr | Di–So 11–18 Uhr | Prinzregentenstr. 60 | Tel. 089 455 55 10 | www.villastuck.de | U 4 Prinzregentenplatz | Bogenhausen*

MUSIK & TANZ
GLOCKENBACHWERKSTATT [133 D5]
Das Bürgerhaus im Herzen Münchens bietet ein wahres Feuerwerk an kostenlosen Veranstaltungen. Zu Buche schlägt dann höchstens das eine oder andere Bier. Das Programm kann sich sehen lassen: Jeden Mittwoch 🐷 Fish'n Blues – Konzert for free, leckere Fischgerichte für kleines Geld. Oder die Downtown Blues Night, jeden 1. Freitag ab 21.30 Uhr Wer noch etwas Budget hat, der kann jeden letzten Freitag im Monat beim Peacecamp Jam (Eintritt 5 Euro) lauschen. *Mo–Do 17–23 Uhr | Blumenstr. 7 | Tel. 089 26 88 38 | www.glo*

ckenbachwerkstatt.de | Bus 52, 152 Blumenstraße | Zentrum

HOCHSCHULE FÜR MUSIK UND THEATER 🐷 [140 B2]
Dem Nachwuchs auf der Spur sind Klassikfans bei den kostenlosen Konzerten der Hochschule für Musik und Theater München. An unterschiedlichen Aufführungsorten demonstrieren talentierte junge Künstlerinnen und Künstler ihr Können. Die Meisterklassen der einzelnen Fachrichtungen wie etwa Saxofon und Klavier bestreiten den Abend. Ganz besonders spannend sind die Prüfungskonzerte, die im kleinen Konzertsaal im Gasteig stattfinden. Eine Terminvorschau mit allen wichtigen Infos rund um den klassischen Hörgenuss findet man normalerweise sechs Monate im Voraus auf der Homepage der Musikhochschule. *Eintritt frei | Arcisstr. 12 | Tel. 089 289 03 | www.musikhochschule-muenchen.de | U 2 Königsplatz | Maxvorstadt*

JAZZCLUB UNTERFAHRT [141 E4]
Laut dem internationalen Jazzmagazin „Downbeat" einer der besten 100 Jazzclubs der Welt – der seine hochkarätige wöchentliche Jamsession

zum Spartarif von nur 5 Euro anbietet. Die Atmosphäre zwischen den Ziegelwänden im Keller der Location in der Einsteinstraße ist lauschig, und die Mitglieder des ansässigen Jazzfördervereins sind freundlich und offen für Gäste. Wer ein bisschen länger in München bleibt, sollte sich überlegen, Mitglied zu werden *(im Monat 12 Euro)*. Denn dann gibt es auf alle Konzerteintritte 50 Prozent Ermäßigung. Der Rabatt gilt übrigens auch für die europäischen Partnerclubs: Bimhuis (Amsterdam), Jazz-House (Kopenhagen) und Nefrititi (Göteborg). *Eintritt 5 Euro | tgl. 19.30–1, Konzertbeginn 21 Uhr | Einsteinstr. 42 | Tel. 089 448 27 94 | www.unterfahrt.de | U 4, 5 Max-Weber-Platz | Haidhausen*

KONZERTE AUF DEM OLYMPIABERG 🐷 [135 E3]

Viele denken, dass der Olympiaberg mit seinen knapp 50 m Münchens höchste Erhebung wäre. Das trifft zwar so nicht zu, doch die Aussicht vom Hügel ist trotzdem wortwörtlich Gold wert. Denn man hat von den „Bergwiesen" einen hervorragenden Blick ins Olympiastadion – was sich auszahlt, wenn dort

Konzerte stattfinden. Bestens ausgerüstet mit einem Fernglas können die Zaungäste bei U2, AC/DC & Co. auf der Bühne fast mitrocken. Und der Sound hämmert sowieso aus dem Stadionrund heraus.

Auf den Spuren der Musikheroen kann man sich auch auf dem Munich Olympic Walk of Stars bewegen, der einen Weg rund um den Olympiasee bildet. Seit 2003 hinterlassen hier Sanges-, Rock- und Popgrößen wie Elton John, Kiss, die Backstreet Boys, Udo Jürgens oder Metallica ihre Handabdrücke im Beton.

Am Pfingstwochenende wird hier außerdem Jahr für Jahr die Festivalsaison eröffnet: Beim Theatron Pfingstfestival (S. 20) sorgt ein riesiges Live-Musik-Programm abseits der Charts und unter freiem Sternenhimmel für beste Partystimmung. *Eintritt frei | Olympiapark | www.olympiapark.de, www.theatron.de | U 3 Olympiapark | Schwabing*

LADENSCHLUSSKONZERT 🦐 [141 D5]

Nach einem Einkaufsbummel bei ein wenig klassischer Musik entspannen und zwar umsonst? Das klingt nicht nur gut, sondern ist es auch: Im Münchner Gasteig findet

Bild: Auf dem Olympiaberg gibt's was auf die Ohren

fast täglich das so genannte „Ladenschlusskonzert" statt – kleine Klassikkonzerte von Musikstudenten, wie etwa des Richard-Strauß-Konservatoriums, die absolut hörenswert sind. Und wer weiß: Vielleicht gibt es hier einen künftigen Weltstar zum Nulltarif zu sehen? *Eintritt frei | fast tgl. 18 Uhr | Gasteig, kleiner Konzertsaal | Rosenheimer Str. 5 | Tel. 089 48 09 80 | www.gasteig.de | S 1–4, 6–8 Rosenheimer Platz | Haidhausen*

LUDWIG BECK MUSIKABTEILUNG [133 D3]

In der 5. Etage des Kaufhauses ist nicht nur Europas größte Klassik- und Jazzauswahl an Tonträgern zu finden, sondern man kann auch erlesenen Klassik- und Jazztönen for free lauschen. Viele Top-Künstler geben hier kleine Konzerte in Verbindung mit einer Autogrammstunde oder einem Livetalk. Die Termine (16, 17 oder 18 Uhr) finden Sie auf der Homepage. *Eintritt frei | Marienplatz 11 | Tel. 089*

CLEVER!

> **Spitzenleistung auf dem Olympiaturm**

Gleich drei Sehenswürdigkeiten können Sie erleben, wenn Sie auf den Turm auf dem Olympiagelände hinauffahren. Zwei davon sind sogar völlig gratis. Zum einen beeindruckt natürlich das Gebäude selbst – der stolze 290 m hohe Olympiaturm. Um zu seiner Spitze zu kommen, müssen Gipfelstürmer ein Ticket zu 5,50 Euro lösen. Der fantastische Blick über die Stadt lohnt die Investition. Wie auch das Rockmuseum – das höchste der Welt, das sich auf der Aussichtsplattform des Olympiaturms befindet. Die schwindelerregende

Idee hatten Arno Eser und Herbert Hauke, die inzwischen mehr als 3000 Fanartikel und Kuriositäten aus Münchens Rockhistorie gesammelt haben. So ist etwa die Anmeldung von Jimi Hendrix für ein Zimmer im Hotel Dachs ausgestellt. Auch beinharte Musikfans, denen Namen wie Pete York und Klaus Voormann etwas sagen, kommen auf ihre Kosten. *Eintritt frei, Olympiaturmauffahrt 5,50 Euro | tgl. 9– 24 Uhr | Spiridon-Louis-Ring 7 | www. rockmuseum.de | U 3, 6 Olympiapark | Schwabing*

23 69 10 | www.ludwigbeck.de | U 3, 6, S 1–4, 6–8 Marienplatz | Zentrum

MUFFATWERK 🐷 [141 D4]

Eine Nacht, eine Bühne, drei Bands – bei der *Hörprobe (www.hoerprobe. com)* stellen sich Münchner Newcomerbands dem Publikum für lau vor. Munich Rocks oder Fun for free sind weitere kostenfreie Eventreihen, die in unregelmäßigen Abständen hier stattfinden. Die Termine finden Sie auf der Homepage. *Eintritt frei | Muffathalle | Zellstr. 4 | Tel. 089 45 87 50 80 | www.muffatwerk.de | S 1–4, 6–8 Isartor | Haidhausen*

NIGHTCLUB IM BAYERISCHEN HOF [133 D2]

Mondäne Gäste aus aller Welt entspannen an der Bar des 5-Sterne-Hotels. 🐷 Das musikalische Programm ist nicht weniger exklusiv als seine illustren Gäste – und das nicht zu überteuerten Preisen, sondern meistens kostenlos! Vor allem Jazz- und Bluesgrößen geben sich auf der Bühne die Klinke in die Hand: Branford Marsalis, Pharoah Sanders, Al Jarreau oder George Benson, um ein paar prominente Beispiele zu nennen. Erstklassige Coverbands und vielversprechende Newcomer sorgen außerdem während der Woche für mitreißende Grooves und Beats. Termine auf der Website checken. *Promenadenplatz 2–6 | Tel. 089 212 09 94 | www.bayerischerhof.de | Tram 19 Promenadenplatz | Zentrum*

ÖFFENTLICHE GENERALPROBE PHILHARMONIE [141 D5]

Die öffentliche Generalprobe der Münchner Philharmoniker ist unter Klassikfans ein fester Termin. Für einen Bruchteil des normalen Eintrittsgeldes (12,30–85,50 Euro) dürfen Zuschauer bei der Probe vormittags *(11 Uhr)* dabei sein. Sechs Mal während der Saison erhalten Matineefreunde die wunderbare Gelegenheit mitzuerleben, wie das Programm kurz vor der Premiere den letzten Schliff bekommt. Was will der Dirigent vom Orchester genau hören, welche Nuancen möchte er herausgearbeitet haben, und was wollte der Komponist mit seinen Musikstücken ausdrücken? Solche und andere Fragen werden bei dieser lebendigen Konzerterfahrung mit viel Verve und Wissen beantwortet. Tickets sind für 10 Euro eine Stunde vor Beginn an der Kasse in der Philharmonie erhältlich. Achtung: Pro

Person werden maximal zwei Karten abgegeben. Termine der Proben stehen auf der Homepage der Münchner Philharmonie unter „Konzerte & Karten". *Eintritt 10 Euro | Kellerstr. 4 | Tel. 089 480 98 51 00 | www.mphil.de | S 1–4, 6–8 Rosenheimer Platz | Haidhausen*

TANZ IM DIANATEMPEL 🐷 [133 E1]

Latin- und Swing-Feeling vor königlicher Kulisse: In den Sommermonaten erklingen aus dem Hofgarten keine Klassiktöne, sondern heiße Latinoklänge. Denn der Dianatempel inmitten des kleinen Parks dient allabendlich als traumhafte Kulisse für kostenlosen Tanzspaß. Programm: Salsa *(Mi und So)*, Tango *(Fr)*, Swing *(So-Nachmittag)*. Der historische Mosaikboden eignet sich bestens für fließende Tanzschritte. Da macht es auch nichts, dass die Musik aus dem Gettoblaster kommt. Tipp: Getränke selbst mitbringen! *Eintritt frei | 20–24 Uhr | Dianatempel im Hofgarten | www.tangomuenchen.de, www.swingandthecity.com | U 3–6 Odeonsplatz | Zentrum*

OPER & THEATER

AKADEMIETHEATER [141 E3]

Der Nachwuchs des Prinzregententheaters präsentiert sich dem Publikum im rückwärtigen Teil des Baus, wo sich das Akademietheater befindet *(Eingang über den Garten oder von der Zumpestraße)*. Bei den Regie-, Schauspiel- und Musicalproduktionen der Bayerischen Theaterakademie August Everding führen die jungen Talente Stücke wie etwa „A Clockwork Orange" auf. 🐷 *Eintritt für das öffentliche Vorspiel des Schauspieljahrgangs frei (nur mit Vorreservierung), an anderen Spieltagen kosten die Tickets ab 10 Euro | Prinzregentenplatz 12 | Tel. 089 29 16 14 14 | www.prinzregententheater.de | U 4 Prinzregentenplatz | Haidhausen*

OPER FÜR ALLE 🐷 [133 E2/3]

Die Bayerische Staatsoper ist über vier Häuser verteilt. Neben dem Nationaltheater, dem Prinzregententheater und dem Cuvilliés-Theater wird auch die Allerheiligen-Hofkirche bespielt. Highlight des Jahres sind die Gratiskonzerte im Sommer. „Oper für alle" heißt das Motto der Veranstaltung. In lockerer Atmosphäre lädt die Staatsoper ein Wochenende lang zu Vorführungen der neuen Produktionen. Spitzenmusiker, hochkarätige Sänger sowie frische Inszenierungen garantieren einen unvergesslichen Kulturgenuss.

Aber auch das ganze Jahr über kostet Hochkultur in München nicht die Welt. So unterschiedlich wie die Spielorte selbst, so verschieden ist auch die Preisgestaltung. Beispielsweise gibt es Aufführungen, die Kulturinteressierten schon ab 4 Euro offen stehen. Dann kann die Sicht zwar schon mal eingeschränkt sein, weil man hinter einer Säule oder in einem abgelegenen Winkel sitzt – aber Oper ist ja auch als reines Hörerlebnis schon ein Genuss. Natürlich können je nach Aufführung und Ort die teuersten Karten bis zu 500 Euro kosten. Tipp für Opernsüchtige: die Monatskarte der Bayerischen Oper. Für 50 Euro (erm. 25) gibt es 30 Tage lang Vorstellungen satt im Nationaltheater. Allerdings hauptsächlich im Stehen. *Bayerische Staatsoper: Max-Joseph-Platz 2 | Tel. 089 21 85 01 | www.bayerische.staatsoper.de | U 3–6 Odeonsplatz | Zentrum; Nationaltheater: Max-Joseph-Platz 2 | Tel. 089 21 85 01; Prinzregententheater: Prinzregentenplatz 12 | Tel. 089 21 85 02; Cuvilliés-Theater: Residenzstr. 1 | Tel. 089 29 68 36; Allerheiligen-Hofkirche: Residenzstr. 1 | Tel. 089 21 85 01*

SOMMERTHEATER
ENGLISCHER GARTEN 🐷 [137 E3]

Kulturabende genießen wie die alten Griechen: Das Münchner Sommertheater macht's möglich. Das Amphitheater im nördlichen Teil des Englischen Gartens dient als unvergessliche Kulisse. Scharenweise lockt das kostenlose Freiluftvergnügen das Publikum in die Nähe des Isarstauwehrs. Das jährlich wechselnde Ensemble besteht sowohl aus spielfreudigen Amateuren als auch aus Profis. Die Theatertruppe widmet sich überwiegend klassischen Autoren wie Molière oder Bernard Shaw. Und das auch, wenn es am Aufführungstag regnet oder stürmt – denn bei schlechtem Wetter finden die Vorstellungen im „Sommertheater in der Mohr-Villa" statt, einem alten Getreidesilo. Die Atmosphäre im Sommer ist wundervoll, wenn die Zuschauer auf ihren um die Bühne herum drapierten Decken sitzen und bei einem abendlichen Picknick dem Stück lauschen – sehr romantisch! *Eintritt frei | Englischer Garten, Nordteil | www.muenchner-sommertheater.de | U 6 Alte Heide, Bus 187 Rümelinstraße | Milbertshofen*

> München aktiv entdecken, ohne viel Geld auszugeben? Überhaupt kein Problem!

In stillgelegten Kartoffelsilos in schwindelerregende Höhen klettern, joggen mit dem eigenen Coach oder eine gemütliche Runde auf blankem Eis drehen – was will man mehr, um überschüssige Energie abzubauen? Und das auch noch zu absolut fairen Preisen!

Aber nicht nur Action, auch Entspannen ist wunderbar möglich in der Weltstadt mit dem gemütlichen Dialekt: Vielleicht bei kostenlosem Yogaunterricht im idyllischen Westpark, wo die Hektik der Großstadt sofort verfliegt? Oder bei einem Moorbad im badewannenwarmen Wasser des Deininger Weihers kurz vor der Stadt?

Aber nicht zu lange bleiben, es gibt noch viel zu sehen! Etwa Wellenreiter, die sich mitten in der Stadt über die Gesetze der Physik hinwegzusetzen scheinen, millionenschwere Fußballstars beim Training im Schweiße ihres Angesichts, echte Bayern in Lederhosen und Trachtenhemden, die riesige Flöße über die Wellen der Isar manövrieren, oder den „charmantesten Schwarzbau" der Stadt, eine Kapelle, die ein russischer Eremit mitten im Olympiapark aus dem Boden gestampft hat. Ja, München steckt voller Überraschungen, und ein paar der schönsten sind sogar völlig kostenlos. Auf geht's!

MEHR ERLEBEN

ACTION

BLADE NIGHT 🐷 [139 E4–5]

Eine der sportlichsten Möglichkeiten, München besser kennenzulernen! Die Teilnahme kostet keinen einzigen Cent, Inlineskates sowie Protektoren kann man sich sogar kostenlos ausleihen. Ein Lichtbildausweis als Pfand genügt. Kein Wunder, dass von Mai bis September jeden Montag Zehntausende auf ihren kleinen Rollen durch die abgesperrten Straßen flitzen: Zwei Stunden lang gehört ihnen die Stadt, jede Woche steht eine andere Strecke auf dem Programm. Achtung: unbedingt auf den Wetterbericht achten, geskatet wird nur bei schönem Wetter. Wer für 2 Euro ein Starterbändchen ersteht, leistet einen Beitrag zum Fortbestand der Blade Night und kann das neueste Material von K2, Rollerblade und Powerslide testen. *Mitte Mai–Mitte Sept. Mo ab 19 Uhr | Treffpunkt: vor dem Verkehrszentrum des Deutschen Museums | U 4, 5 Schwanthalerhöhe | genaue Informationen unter www.aok-blade night.de*

EISSTOCKSCHIFSSEN [134 B–C5]

Sobald das Eis tragfähig genug ist, verwandelt sich der Nymphenburger Kanal in einen riesigen Spielplatz mit über 40 Bahnen, auf dem Profis ihre Eisstöcke punktgenau ins Ziel befördern und Anfänger ihre erste Partie auf dem rutschigen Untergrund absolvieren. Heiße Getränke zum Aufwärmen kann man selbst

mitbringen. Ansonsten gibt's Glüh-
wein für 3 Euro zu kaufen. *4 Stunden Bahnmiete à 4 Euro pro Person,
Leihstöcke 3 Euro | je nach Eisdicke
tgl. 9–22 Uhr | Südliche Auffahrtsal-
lee 27 | www.eisstockbahnen.de | U 1
Rotkreuzplatz | Nymphenburg*

30 m in die Vertikale geht's im Heavens Gate

GOLF [148 B2]

Von wegen elitär: Für nur 19 Euro
kann jedermann unter professioneller
Anleitung auf den Golfranges Ger-
mering und in Brunnthal bei München in die Welt der Birdies und
Eagles hineinschnuppern. Und das

MEHR ERLEBEN

Ganze inklusive Leihausrüstung! Zwei Stunden dauert der Kurs, bei dem man auf der Driving Range und dem 9-Loch-Golfplatz die wichtigsten Grundlagen des Rasensports lernt und erstmals einlocht. *Schnupperkurs 19 Euro | Starnberger Weg 56 | www.golfrange.de | S 8 Germering, Bus 851 Brückenstraße | Germering; Am Golfplatz 1 | muenchen-germering. golfrange.de | S 6 Höhenkirchen-Siegertsbrunn, Bus 216 Brunnthal-Kirchstockach | Kirchstockach*

KLETTERN [141 E5]

Lust auf eine Kletterpartie in einer ehemaligen Kartoffelfabrik? Die Heavens Gate Kletterhalle bietet nicht nur eine extravagante Location, sondern noch dazu richtig faire Preise: Wenn Sie von Montag bis Freitag von 10 bis 16 Uhr zur Klettertour gehen, bezahlen Sie statt 12,60 lediglich 6,90 Euro. Wer hoch hinaus will, aber sich (noch) keine eigene Ausrüstung zugelegt hat, leiht sich ganz einfach Gurt, Seil & Co. für 7,50 Euro aus – und aufi geht's! *Eintritt ab 6,90 Euro | tgl. 10–23 Uhr | Grafinger Str. 6 | www.kletternmachtspass.de | U 5, S 1–4, 6–8 Ostbahnhof | Berg am Laim*

LAUFTREFF 🐷 [141 D2]

Personal Training für lau? Bei den kostenlosen Lauftreffs der Betriebskrankenkasse der HypoVereinsbank sind professionelle Coaches vor Ort, die allen Läufern mit Rat und Tat zur Seite stehen. Willkommen ist jeder, je nach Fitnesslevel werden die Teilnehmer in verschiedene Leistungsgruppen aufgeteilt. 60 Minuten lang geht es dann per pedes auf wechselnden Routen durch den Englischen Garten, und mit etwas Glück läuft man sogar Seite an Seite mit Profisportlern wie Triathlet Faris Al-Sultan oder Ex-Rodel-Weltmeisterin Susi Erdmann. *Sommer Di, Do, Winter nur Di 19 Uhr | Am Eisbach 5 | www.hvb-bkk.de | Bus 54 Tucherpark | Lehel*

MÜNCHNER EISZAUBER [132 B3]

Der frühe Vogel fängt den Wurm: Wer sich vor 13 Uhr auf die riesige Fisfläche mitten am Stachus wagt, zahlt nur 4,50 Euro. Die Abendstunden (19.30–22 Uhr) schlagen dagegen mit 8 Euro am teuersten zu Buche. Dafür geht es bei der Eisdisco mit Flutlicht und Après-Ski-Musik heiß zur Sache. Schlaue Preisfüchse sollten dabei unbedingt auf günstige Specials wie Ladys Night (es gibt einen 🐷 Gratis-

Glühwein) oder One for Two (einer zahlt, zwei laufen) achten! *Eintritt ab 4,50 Euro | Ende Nov.–Ende Jan. tgl. 10.30–22 Uhr | Karlsplatz/Stachus | www.muenchnereiszauber.de | U 4, 5, S 1–4, 6–8 Karlsplatz | Zentrum*

AUSSICHT

BLUE SPA BAR & LOUNGE [132 C3]

Ein Highlight ist die Sonnenterrasse des Hotels Bayerischer Hof. Zum einen stehen Sauna, Fitnessstudio, Massage und Pool auch Nichthotelgästen offen *(Tageskarte 38 Euro, Reservierung erwünscht)*. Wer den freien Blick auf die wichtigsten Wahrzeichen der Stadt sowie den ein oder anderen köstlichen Cocktail genießen möchte, der sollte die Bar des Blue Spas unbedingt besuchen. 🐷 *Eintritt frei | tgl. 7–22.30 Uhr | Promenadeplatz 2–6 | Tel. 089 212 09 92 | www.bayerischerhof.de | U 3, 6, S 1–4, 6–8 Marienplatz | Zentrum*

CAFÉ GLOCKENSPIEL [133 D4]

Näher können Sie dem berühmten Glockenspiel im Münchner Rathaus nicht sein. Während man auf dem Marienplatz mit steifem Nacken in die Höhe starrt, kostet Sie das Spektakel gerade mal einen Kaffee zu 2,80 Euro im Restaurant des Cafés Glockenspiel. So lässt sich diese einzigartige Münchner Sehenswürdigkeit entspannt genießen. Auch die Frauenkirche, der Alte Peter und die Dächer der Altstadt scheinen zum Greifen nah! *Glockenspiel: März–Okt. 11, 12, 17, Nov.–Feb. 11, 12 Uhr; Café: Mo–Sa 10–1, So 10–19 Uhr | Marienplatz 28, 5. Stock | Tel. 089 26 42 56 | www.cafe-glockenspiel.de | U 3, 4, S 1–4, 6–8 Marienplatz | Zentrum*

OBERPOLLINGER DACHTERRASSE [132 B3]

Das Restaurant LeBuffet in der 5. Etage des Oberpollinger Kaufhauses hat eine der schönsten Dachterrassen Münchens. Im Sommer können Sie hier eine Kaffeepause einlegen oder Pasta sowie asiatische Wokgerichte zu absolut fairen Preisen samt tollem Blick über die Stadt genießen. In der Adventszeit steigt der „höchste Christkindlmarkt Münchens" mit Glühwein, leckeren Schmankerln und Livemusik dem Oberpollinger aufs Dach. *Mo–Sa 9–20 Uhr | Neuhauser Str. 18 | Tel. 089 29 02 45 97 | www.oberpollinger.de | U 4, 5, S 1–4, 6–8 Karlsplatz | Zentrum*

MEHR ERLEBEN

RELAXEN

DEININGER WEIHER [148 C3]

Der kleine Moorsee liegt nur wenige Kilometer südlich von München und bietet ein Badeerlebnis der etwas anderen Art. Zwar ist das Wasser, wie bei jedem Moorsee, extrem trüb und fast schwarzbraun, dafür heizt sich der Weiher wegen seiner geringen Tiefe von nur 2 m sehr schnell auf. Da die Bademöglichkeiten räumlich begrenzt sind (der südliche Teil des Sees ist Naturschutzgebiet), sollte man möglichst früh kommen. Und vergessen Sie nicht den Picknick-korb, denn die Würstelpreise der Gaststätte bewegen sich eher im obe-ren Bereich. *S 7 Höllkriegelsreuth, weiter mit Bus 271 bis Kleindinghar-ting, dann noch etwa 25 Minuten zu Fuß, der Weg zum See ist ausgeschil-dert | mit dem Auto von der Innen-stadt rund 30 Minuten auf der B11 Richtung Süden*

ISAR [144 A–B5]

Die Isar ist so sauber, dass sie den Münchnern seit Jahren als kosten-loses Freibad dient. An heißen Sommertagen sind die schönen Kiesstrände und kleinen Inseln dicht bevölkert, aber je weiter man in Richtung Süden vorstößt, desto grö-ßer ist die Chance, einen lauschigen

CLEVER!

> Mit Kombitickets Eintrittspreise sparen

Der Münchner Verkehrsverbund bietet für viele Attraktionen in und vor den Toren der Stadt günstige Kombitickets, die nicht nur die Fahrt mit U- und S-Bah-nen sowie Bussen beinhalten, sondern auch den Eintritt. Gegenüber dem Ein-zelpreis spart man nämlich mit dem Kombiticket bis zu 30 Prozent! Nur ein Beispiel: In der Thermenwelt Erding (*www.therme-erding.de*) sind statt 42,30 Euro (*22 Euro Eintritt plus 22,30 MVV-Tagesticket*) pro Person lediglich 32 Euro zu berappen, um vier Stunden das Thermenparadies und den Galaxy-Rutschenpark genießen zu können. Oder: Tragen Klassik- und Theaterkarten das MVV-Logo, ist die An- und Abfahrt im Preis enthalten. Die Angebote vari-ieren von Jahr zu Jahr. *Informationen unter www.mvv-muenchen.de*

„Privatstrand" zu finden. Die Szene trifft sich zum Sonnenbaden am liebsten zwischen der Wittelsbacher- und der Reichenbachbrücke. Familien mit Kindern zieht es dagegen eher in Richtung Flaucher, wo die Kleinen im flachen Wasser plantschen und spielen können. Wer schnell Hunger bekommt, sollte besser vorsorgen: Kioske gibt es nur vereinzelt, deshalb lieber den Proviant im eigenen Picknickkorb mitnehmen. *Wittelsbacherbrücke | Bus 58, 131 Baldeplatz, Isarvorstadt, Flaucher | U 3 Thalkirchen | Thalkirchen*

Insider Tipp
MÜLLER'SCHES VOLKSBAD [141 D4]

Für rund 4 Euro kann man in einem der schönsten Bäder Europas einen Tag verbringen. Auch heute zieht das Traditionsbad im Jugendstil mit Stuckverzierungen, Wandmalereien und Statuen jeden Besucher in seinen Bann. Sauna, Dampfbad und Römisch-Irisches Schwitzbad kosten extra, aber wer seinen Wellnessbesuch auf den Abend (ab 20 Uhr) verlegt, kann von vergünstigten Eintrittspreisen profitieren und zahlt 10,90 statt 15,80 Euro! *Eintritt Bad (Tageskarte) 4,20 Euro, Sauna (4 Stunden) ab 15,80 Euro | tgl.*

Schwimmhalle 7.30–23, Sauna ab 9 Uhr | Rosenheimer Str. 1 | www.swm. de | Tram 16 Deutsches Museum | Haidhausen*

OLYMPIABAD [135 E3]

Im beeindruckenden Ambiente des Olympiageländes ziehen Leistungsschwimmer wie Freizeitsportler im 50-m-Becken ihre Bahnen. Und jeder, der will, kann ohne Aufpreis an beinahe täglich stattfindenden Fitnesskursen wie Wassergymnastik, Schnorcheltraining oder Aquajogging teilnehmen. *Eintritt ab 4,40 Euro | tgl. 7–23 Uhr | Spiridon-Louis-Ring 21 | www.swm.de | U 3 Olympiazentrum | Schwabing*

„FIT IM PARK"–YOGA 🐷 [142 B2]

Yoga ist normalerweise ein kostspieliges Vergnügen, aber wer statt im Studio lieber im Freien den Sonnengruß übt, wird belohnt. Denn er zahlt keinen Cent! Und treibt noch dazu in einer schönen Umgebung Sport. Von Mai bis Ende September bietet die Stadt unter dem Motto „Fit im Park" verschiedene kostenlose Kurse an wie beispielsweise das sonntägliche Yoga (9.30–10.30 Uhr) auf der Gymnastik-Wiese im Westpark. Das Freizeitange-

Bild: Rauf aufs Brett, rein in den Eisbach – Wellenreiten mitten in München

bot des Sportsamts beinhaltet auch Zumba oder Volleyball. Außerdem ist es nicht nur auf den Westpark begrenzt, sondern umfasst auch den Ost-, Luitpold- und Riemer Park. *Mai–Sept. So 9.30–10.30 Uhr | www.muenchen. de/freizeit/sport/gymnastik-im-park. html | U 6 Westpark | Laim*

STADTTOUREN

MÜNCHEN AUF ENGLISCH [133 D4]

Zwei Fliegen mit einer Klappe schlägt man bei der Sandeman's New Europe Tour. Zum einen ist die dreistündige Tour durch die Münchner Altstadt for free, und zum anderen kann man seine Englischkenntnisse auf unterhaltsame Weise aufpolieren. Den englischsprachigen Guides gibt man am Ende ein Trinkgeld – und das ganz nach Gusto. Die Touren funktionieren auch sehr erfolgreich in Berlin, Hamburg, London & Co. *tgl. 10.45, 13 und 15 Uhr | Treffpunkt: Mariensäule auf dem Marienplatz | www.newmunichtours.com | U 3, 6, S 1–4, 6–8 Marienplatz | Zentrum*

MÜNCHEN TRAM [132 B5]

Sicher eine der günstigsten und bequemsten Arten, München zu entde-

cken: Mit einer historischen Trambahn geht es fast eine Stunde lang an allen wichtigen Sehenswürdigkeiten vorbei. Mit an Bord: ein Gästeführer, der Wissenswertes über die bayerische Metropole zu erzählen weiß. *Kosten 10 Euro | Mai–Okt. Sa/So 11, 12, 13, 14 Uhr | Start- und Endpunkt: Sendlinger Tor | www.spurwechsel-muenchen.de | U 1–3, 6 Sendlinger Tor | Zentrum*

MUSEUMSLINIE

Die Buslinie 100 des Münchner Verkehrsverbundes (MVV) heißt nicht umsonst Museumslinie und ist ein wahres Geschenk für jeden Kunsttouristen. Führt sie doch vom Hauptbahnhof über den Königsplatz und seine Propyläen (Glyptothek, Lenbachhaus) mitten hinein ins Münchner Kunstareal zu den drei Pinakotheken, dann Richtung Haus der Kunst und schließlich am Friedensengel und der schönen Villa Stuck vorbei bis zum Ostbahnhof. Einfach einsteigen und sich ganz bequem bis vor die Pforten der verschiedenen Kunsttempel fahren lassen (siehe auch S. 10, „Wohin zuerst?"). *MVV-Karte 2,70 Euro (Hin- und Rückfahrt: 5,40 Euro) | Start: Haupt- oder Ostbahnhof*

NACHTWÄCHTERTOUR [133 D4]

pp der

Wer schon immer einmal Münchens „dunkle" Seite kennenlernen wollte, lässt sich von Nachtwächter Alois zu später Stunde durch die Altstadt führen. Für gerade einmal 14 Euro (Anmeldung erforderlich) erfahren Sie jede Menge interessante Fakten, die in kaum einem Reiseführer zu finden sind: Welche schaurige Sage steckt hinter der Gruftgasse, was hat es mit dem Heiligen Onuphrius auf sich und wieso stürzte sich eine Adelige einst von der Frauenkirche? Alle Sehenswürdigkeiten werden genau unter die Lupe genommen – und so müssen Nachtschwärmer zum Beispiel auch die 306 Stufen hinauf zum Alten Peter selbst erklimmen. *Kosten 16 Euro | tgl. 21 Uhr | Treffpunkt: Mariensäule am Marienplatz | Anmeldung: Tel. 089 29 16 97 65 | www.weisser-stadtvogel.de | U 3, 6, S 1–4, 6–8 Marienplatz | Zentrum*

STAUNEN

EISBACHSURFER [140 C3]

Wer Surfer bei ihren waghalsigen Wellenritten beobachten will, muss normalerweise erst einmal zum nächsten Ozean reisen. Nicht so in München! Die Eisbachsurfer im Englischen Garten gehören mittlerweile zu den Wahrzeichen der Stadt und sind sogar Wellenreitern an Australiens Stränden ein Begriff. Kein Wunder, scheinen die Surfer doch allen Naturgesetzen zu trotzen, wenn sie auf der brusthohen Welle gleiten, während das Wasser unter ihnen mit rasender Geschwindigkeit dahinschießt. Wegen der starken Strömung ist es nur absoluten Könnern auf eigene Verantwortung erlaubt, hier ihre Wellen zu reiten. Vor allem an lauen Sommerabenden wächst die Traube der Zuschauer stetig. *Prinzregentenstr. 1, direkt unter der Brücke neben dem Haus der Kunst | Tram 18 Nationalmuseum/Haus der Kunst | Lehel*

FUSSBALLTRAINING FC BAYERN MÜNCHEN [144 B5]

Rekordmeister, Champions-League-Sieger, Weltpokalsieger – bei den Roten an der Säbener Straße stapeln sich die Trophäen. Was in England, Italien oder Spanien unmöglich ist, hier gehört es zum guten Ton: Trainiert wird grundsätzlich unter den Augen der Fans. Lediglich direkt vor den Spieltagen wird unter Ausschluss der Öffentlichkeit geübt. Vor und nach

den Einheiten schreiben Schweinsteiger & Co. auch fleißig Autogramme. Und das natürlich for free. *Termine unter www.fcbayern.de oder Tel. 089 69 93 11 11 | Säbener Str. 51 | U 1 Wettersteinplatz | Harlaching*

MÜNCHENS FLÖSSER [146 C3]

Zuerst ist nur ganz leise die Blasmusik zu hören, dann erscheint das Floß auf der Isar und kommt langsam näher. Ab etwa 16 Uhr erreicht jeden Nachmittag zwischen Mai und September ein Wassergefährt nach dem anderen die Floßlände. Das ist das Ziel der Fahrten, die bereits im Morgengrauen etliche Kilometer flussaufwärts begonnen haben.

Den besten Blick auf das Treiben bietet die kleine Brücke neben dem Campingplatz Thalkirchen. Auf manchen Flößen finden ausgelassene Partys statt und die Live-Band gibt sich Mühe, die fröhlich feiernde, tanzende Meute bei Laune zu halten. Auf anderen schwimmenden Untersätzen geht es dagegen etwas ruhiger zu. Eines ist aber immer gleich: Der Aufschrei eines unvorsichtigen Floßfahrers, der die Macht der Stromschnellen unterschätzt hat und plötzlich knietief im Wasser steht.

Selbst einen Platz auf einem dieser Flöße zu ergattern, ist ziemlich kostspielig und nur nach langer Voranmeldung möglich. Aber auch für Zuschauer an Land hat diese Tradition, die bayerischer nicht anmuten könnte, großen Unterhaltungswert. *Mai–Sept. tgl. | Zentralländstr. 49 | U 3 Thalkirchen, Bus 135 Thalkirchen Campingplatz | Thalkirchen*

OST-WEST-FRIEDENSKIRCHE ★ [135 E4]

Eine ungewöhnliche Sehenswürdigkeit, die Münchens berühmtester Eremit errichtet hat: Väterchen Timofei. 1952 begann der Russe in der Landeshauptstadt mit dem Bau einer Kapelle. Alles im Auftrag der Mutter Gottes, wie er stets behauptete. Für Münchens Politiker war die Kirche immer „der charmanteste Schwarzbau der Stadt". Auf jeden Fall war der Eremit so beliebt, dass sogar der Bauplan des Olympiageländes verändert wurde, um sein Bauwerk zu erhalten. 2004 starb Timofei mit 110 Jahren, seine Kirche steht aber noch und ist zu besichtigen. *Tgl. 10–16 Uhr | Spiridon-Louis-Ring 100 | U 3 Olympiazentrum, Tram 12 Infanteriestraße | Schwabing*

STERNWARTE [140 C5]

Nach den Sternen zu greifen kostet nichts, zumindest nicht in der Ost-Sternwarte des Deutschen Museums. Wer das Universum noch nie durch ein Teleskop betrachtet hat, wird staunen, welche Details in einem Krater auf dem Mond zu erkennen sind oder wie die Ringe des Saturn tatsächlich aussehen. Die Mitglieder des Vereins „Beobachtergruppe Sternwarte Deutsches Museum" bieten jedem Interessierten die Chance, selbst einen Blick auf die Himmelskörper zu werfen und berichten dabei allerlei Wissenswertes über unser Sonnensystem. Eine Anmeldung ist nicht erforderlich, allerdings findet die Führung nur bei wolkenlosem Himmel statt. Deshalb sollten Sie sich besser vorher telefonisch erkundigen, ob Sie zum gewünschten Termin in die Sterne gucken können. *Eintritt frei | Di, Fr März/Okt. 20, April/Mai/Aug./Sept. 21 Uhr | Treffpunkt im Hof des Deutschen Museums | Museumsinsel 1 | Tel. 089 217 92 11| www.beobachtergruppe.com | Tram 16 Deutsches Museum | Zentrum*

CLEVER!

> Um die Mittagszeit aufs Oktoberfest

Das Oktoberfest, das größte Volksfest der Welt, kann kaum als preiswert bezeichnet werden. Dafür ist es einfach zu berühmt – und viel zu gut besucht. Viel zu schnell reißen deshalb auch Achterbahnfahrten, der Besuch von Schieß- und Losbude, Geisterbahn und Bierzelt ein mehr oder weniger großes Loch in den Geldbeutel. Allerdings kann ein Spaziergang über die Wiesn auch deutlich günstiger ausfallen, wenn man sich nämlich unter der Woche in der Zeit zwischen 10 und 15 Uhr Richtung Festwiese aufmacht. Dann ist es nicht nur viel leichter, in einem der Bierzelte einen Platz zu ergattern, etliche Schausteller und Wirtsleute gewähren außerdem bis zu 30 Prozent Rabatt. Welche Betriebe genau teilnehmen, ist schnell zu erkennen. Man muss nur nach dem angebrachten Logo der „Mittagswiesn" schauen. *Mo–Fr 10–15 Uhr | Theresienwiese | www.mittagswiesn.de | U 4, 5 Theresienwiese | Westend*

> Willkommen im Schlaraffenland! München bietet kulinarische Großtaten zu kleinen Preisen

Die Bayernmetropole bietet eine derart reiche Vielfalt an Küchenrichtungen aus aller Welt, dass man sich wie im sagenhaften Schlaraffenland fühlen kann, wo Milch und Honig fließen. Ob türkischer Döner, Oktopuscurry nach Seychellenart, spanische Paella, japanische Sushi, mexikanische Fajitas oder urbayerischer Schweinsbraten – bei der Vielzahl an Restaurants, Fastfood-Tempeln, Stehimbissen, Bistros, Kneipen, Mensen und Kantinen bleibt fast kein Wunsch unerfüllt. 5000 gastronomische Betriebe kümmern sich 365 Tage im Jahr darum, dass bei Münchnern und Gästen kein Hunger aufkommt.

Das hat auch seinen Preis, meinen Sie? Klar, der ist manchmal ganz schön gesalzen, Fischfilets oder Steaks sprengen oft den 20-Euro-Rahmen. Doch dies betrifft erfreulicherweise nur einen Teil der Münchner Gastronomie – und selbst gehobene Lokale bieten oft günstige Mittagsgerichte an. Mit den nachfolgenden Empfehlungen sollte es also kein Problem sein, den Körper zu stärken und den Geldbeutel zu schonen. Probieren Sie's aus und frühstücken Sie für unter 5 Euro, schlagen Sie sich mittags den Bauch voll für 10 Euro oder nutzen Sie besondere Aktionen in Gastro-Tempeln erster Güte.

ESSEN & TRINKEN

BAYERISCHE WIRTSHÄUSER

ALTER SIMPL [140 B2]

Im holzvertäfelten Maxvorstädter Wirtshausklassiker, einst ein wichtiger Treff der Künstlerboheme, haben die Betreiber auch ein Einsehen mit den vielen schmal budgetierten Akademikern des Viertels. Hauptgerichte ab 5,60 Euro lassen die Studenten also nicht nur den Vorlesungsmarathon ohne lautes Magenknurren überstehen, auch beim Bezahlen verursachen sie kein gastritisches Grummeln. Da darf's zur Feier des Tages dann sogar mal ein Wiener Schnitzel vom Kalb mit Röstkartoffeln und Salat für 16,80 Euro sein. Wer abends oder spätnachts *(Küche bis 2 bzw. am Wochenende bis 3 Uhr)* kommt, kann sich an den An- geboten der Wurst- und Burgerküche orientieren, die sich preislich zwischen 6 und 10 Euro bewegen. *Mo– Do 11–3, Fr/Sa 11–4 Uhr | Türkenstr. 57 | Tel. 089 272 30 83 | www.egger lokale.de | Tram 27, 28 Schelling- straße | Maxvorstadt*

ALTER WIRT THALKIRCHEN [143 E5]

Das urige Gasthaus im Münchner Süden in der Nähe des Tierparks wird am Donnerstag regelmäßig zur Pilgerstätte der Schnitzelfans. An diesem Abend kosten die Schnitzel schließlich pauschal nur 5,90 Euro. Nutzt man zusätzlich noch die Happy Hour *(tgl. 16–18 u. 21–24 Uhr)* und trinkt einen Cocktail oder Longdrink für nur 4,50 Euro, ist das Schnäppchen perfekt. Attraktiv ist auch die

„Kinder-Happy-Hour": Täglich von 15 bis 20 Uhr bekommen die Junioren bis 12 Jahre ein Hauptgericht, ein Dessert und einen Softdrink für nur 6,50 Euro serviert. *Tgl. 9–24 Uhr | Fraunbergstr. 8 | Tel. 089 74 21 99 77 | www.alterwirt-thalkirchen.com | U 3 Thalkirchen | Thalkirchen*

DEUTSCHE EICHE [133 D5]

Im wahrsten Sinne des Wortes eingefleischte Fans der Deutschen Eiche haben sich den Montag und den Mittwoch schon rot im Kalender angestrichen. Denn zum Anfang der Woche gibt's im Gasthaus am Gärtnerplatz den Schweinsbraten mit rescher Kruste in dunkler Biersauce und dazu einen hausgemachten Semmelknödel plus eine Portion Speckkrautsalat für gerade mal 6,90 Euro. Jeden Mittwoch steht dann noch einmal das Schwein im Mittelpunkt, diesmal in Form von Schnitzeln (paniert oder Natur) mit Pommes frites oder Reis – ebenfalls für 6,90 Euro. Wer nicht so sehr der Fleischeslust frönt, sondern lieber ausgiebig frühstückt, ist in der Deutschen Eiche auch richtig. Am Wochenende kann man sich hier für 8,60 Euro mehrfach am Büfett bedienen, Heißgetränke werden allerdings extra berechnet. *Tgl. 7–1 Uhr | Reichenbachstr. 13 | Tel. 089 231 16 60 | www.deutsche-eiche.de | U 1, 2 Fraunhoferstraße | Gärtnerplatzviertel*

FAUN [140 B5]

Im stuckverzierten Traditionslokal im Glockenbachviertel schmeckt sonntags und montags ab 17.30 Uhr der Schweinsbraten besonders gut. Kein Wunder, servieren die Ober die ofenfrischen Scheiben mit Dunkelbiersauce, Semmelknödel und Krautsalat inklusive einem Augustiner Bier (0,5 Liter) schon für 9,80 Euro. Tolles Preis-Leistungs-Verhältnis! Aber auch sonst halten die Hauptgerichte Abstand zur 15-Euro-Schallmauer. Mittags liegen die Tagesgerichte unter der Woche preislich bei 5,80 Euro. Und in Kombination mit der Tagessuppe oder einem Getränk auch lediglich bei 7,20 Euro. *Mo–Fr 10–1, Sa/So 9–1 Uhr | Hans-Sachs-Str. 17 | Tel. 089 26 37 98 | www.faun.mycosmos.biz | U 1, 2, 7 Fraunhoferstraße | Glockenbachviertel*

GASTSTÄTTE GROSSMARKTHALLE [143 F2]

Im Klassiker der bayerischen Wirtshauskultur ist die Welt noch in Ord-

ESSEN & TRINKEN

Faun: Stuck an der Decke, feinster Schweinsbraten mit Semmelknödel auf dem Teller

nung, auch preislich. Die Spezialität des Hauses sind die Weißwürste, die man sich hier auch wirklich nicht entgehen lassen sollte. Die klassische Kombination – ein Paar Weißwürste plus Brezn und Weißbier – belastet den Geldbeutel mit etwa 10 Euro auch nur geringfügig. *Mo–Fr 7–17, Sa 7–13 Uhr | Kochelseestr. 13 | Tel. 089 76 45 31 | www.gaststätte-gross markthalle.de | U 3, 6 Implerstraße | Sendling*

HOFBRÄUHAUS [133 E3]

Das berühmteste Münchner Brauhaus ist für Zartbesaitete vielleicht manch-

mal etwas zu laut und lebendig, aber trotz des hohen Bekanntheitsgrades zum Glück keine Touristenfalle. Alle Gerichte von der Standardkarte bleiben hier – teils deutlich – unter der 15-Euro-Marke. Wer sich an Wurstspezialitäten hält, kommt besonders günstig weg. Also, wie wär's mit

CLEVER!

> *Wo's schmeckt und günstig ist: die Mensa*

Man muss kein Student sein, um Zutritt zum Schlaraffenland der Mensen zu bekommen – wofür gibt's die Gästekarte? Auch wenn es sich um Großküchen handelt: Die Qualität und Vielfalt des täglich wechselnden Angebots hat sich stark verbessert. Begriffe wie frische Lebensmittel, Bio oder vegetarisch sind heute ein fester Bestandteil der Uni-Speisepläne. Gezahlt wird in erster Linie per Legic-Karte, in einigen Cafeterias kann man sogar noch bar bezahlen. Die Karten für 12 Euro *(7 Euro Kaution, 5 Euro Guthaben)* bekommt man in allen Servicebüros des Studentenwerks München. Aufladen lässt sich die Karte an den Mensa-Automaten. Kaution und Geld gibt's bei Nichtverbrauch natürlich wieder zurück. **Die vier Tagesgerichte für Gäste kosten zwischen 2,40 und 3,30 Euro.** Die zehn Bio- und Aktionsgerichte bewegen sich zwischen unschlagbaren 2,70 und 5,40 Euro. Bei diesen Preisen

Insider Tipp

lohnt es sich auf jeden Fall, einen Blick auf die Homepage des Studentenwerks zu werfen, um die nächstgelegene Mensa samt Servicebüro zu finden. Achtung! Öffnungszeiten variieren je nach Uni, Semester und Ferien. In der Regel gibt es Essen ab 11 Uhr, die Cafeterias und Espressobars sind meist ab 9 Uhr geöffnet. *Mensa Leopoldstraße: Leopoldstr. 13a | U 3, 6 Giselastraße | Schwabing; StuBistro Schillerstraße: Schillerstr. 47 | U 1, 2, 4, 5, S 1–4, 6–8 Hauptbahnhof | Ludwigsvorstadt; Mensaria Schellingstraße: Schellingstr. 3 | U 3, 6 Universität | Maxvorstadt; StuBistro Goethestraße: Goethestr. 70 | U 3, 6 Goetheplatz | Isarvorstadt; Mensa Arcisstraße: Arcisstr. 17 | U 3, 6 Universität | Maxvorstadt; Mensa Lothstraße: Lothstr. 13d | Tram 20, 21 Lothstraße | Neuhausen; StuCafé Karlstraße | Karlstr. 6 | U 1, 2 Königsplatz | Maxvorstadt; www.studentenwerk-muenchen.de*

einer Rinderbrühe mit Pfannkuchenstreifen vorweg und anschließend vier Wiener mit Kartoffelsalat – kostet zusammen gerade mal 10,80 Euro. Und wer das alles in Ruhe genießen möchte, sollte im Sommer den lauschigen Biergarten im Innenhof aufsuchen. *Tgl. 9–23.30 Uhr | Platzl 9 | Tel. 089 290 13 60 | www.hofbraeu haus.de | U 3, 6, S 1–4, 6–8 Marienplatz | Zentrum*

MAX-EMANUEL-BRAUEREI   [140 B1]

Jedes Wochenende brechen im bayerischen Traditionshaus die Festtage für preisbewusste Fleischesser an. An Samstagen und Sonntagen von April bis September kostet die Schweinshaxe mit Knödel und Krautsalat nur 6,50 Euro. Auch für die Spareribs mit Country-Potatoes und Krautsalat werden an Sommerwochenenden nur 7,50 Euro fällig. An Dienstagen stürzt sich die Küche ins Schnitzelvergnügen, der Gast kann dann aus neun Varianten wählen und zahlt 8,90 Euro. Freitag ist Freudentag für Fischfans: drei Variationen für je 7,50 Euro! Wer zum Feierabend nur ein Bier genießen möchte, ist mit 2,20 Euro für die Halbe während der täglichen Happy Hour zwischen 17 und 19 Uhr dabei. Noch

ein Tipp: ==Sonntags kommen Tanzfreunde auf ihre Kosten,== **Insider Tipp** beim „Fifties Record Hop" inklusive Tanzkurs mit DJ Chuck Herrmann (*Eintritt 7 Euro, inkl. 3 Euro Getränkebon | Sommer 20, Winter 19 Uhr*), montags und freitags gilt dasselbe für Salsafans. *Tgl. 11–1 (April–Okt.) bzw. 17–1 Uhr (Nov.–März) | Adalbertstr. 33 | Tel. 089 271 51 58 | www.max-emanuelbrauerei.de | U 3, 6 Universität | Maxvorstadt*

SCHELLING-SALON   [140 B2]

Schweinsbraten mit Semmelknödel und Salat für 7,80 Euro oder Paprikahuhn auf Reis mit bunten Salaten für 6,30 Euro: Die gute, preisgünstige Hausmannskost wissen nicht nur Künstler, Studenten und Maxvorstädter zu schätzen. Viele Durchreisende wie Lenin oder Bertolt Brecht haben hier seit den Anfangstagen 1872 schon einen Zwischenstopp eingelegt. Neben dem geschichtsträchtigen Ambiente sorgen auch Billard, Tischtennis, Schach oder Karten- und Brettspiele für unterhaltsame Abende. *Do–Mo 10–1 Uhr | Schellingstr. 54 | Tel. 089 272 07 88 | www.schellingsalon.de | U 3, 6 Universität | Maxvorstadt*

STEINHEIL 16 [140 A2]

Das größte und beste Schnitzel der Stadt? Viele schwören aufs Steinheil-Schnitzel nach Wiener Art, das mit knapp unter 11 Euro zu Buche schlägt, dafür aber gleich zwei normale Esser annähernd erschlägt. Das hat sich wohl inzwischen herumgesprochen: Zahllose Studenten mit schmalem Geldbeutel und großem Hunger rücken in der alternativen Kneipe nah zusammen. Nur beim Bierpreis von 3,40 Euro schlucken sie ein wenig. *Tgl. 10–1 Uhr | Steinheilstr. 16 | Tel. 089 52 74 88 | U 2 Theresienstraße | Maxvorstadt*

CAFÉS

CAFÉ JOSEFA [139 E4]

Charmantes Café im Westend für vertrödelte Tage oder fürs langsame Hineingleiten in den Feierabend. Unbedingt probieren: die leckeren selbst gebackenen Kuchen für 2,80 Euro, vor allem in die Schokoversion verliebt man sich jedes Mal wieder aufs Neue. Aber auch das herzhafte Essen ist gut und kostet kein Vermögen, die Mittagsgerichte bewegen sich beispielsweise zwischen 6,90 und 7,90 Euro. Die Tagessuppe mit Brot und hausgemachter Kräuterbutter gibt's für 5,20 Euro, 5,80 Euro werden beim Salat in derselben Kombination fällig. *Mo–Fr 9–23, So 10–17 Uhr | Westendstr. 29 | Tel. 089 74 38 97 26 | www.josefa.eu | S 1–4, 6–8 Hackerbrücke | Westend*

CAFÉ PINI [140 B5]

Relaxtes Szene-Wohnzimmer mit Retrotapeten, Bistrotischen, italienischem Flair und schmalen Preisen. Allerdings fällt die Speisekarte ebenfalls schmal aus. Frühstück, Kuchen und italienische Foccaccia- und Paninivariationen zwischen 4 und 7,50 Euro – das war's auch schon im Großen und Ganzen. Das sympathische Team und die entspannten Gäste wiegen die kleine Essensauswahl aber locker auf. *Mo–Fr 8–23, Sa 9–23, So 9–19 Uhr | Klenzestr. 45 | Tel. 089 55 27 41 03 | www.cafepini.de | U 1, 2 Fraunhoferstraße | Isarvorstadt*

LUISE [140 A2]

Dieses reinrassige Tagescafé hat zwar nur unter der Woche und bei Tageslicht geöffnet, aber in diesen Stunden sollte man unbedingt die köstlichen und preiswerten Suppen (meist 2,90 bzw. 4,20 Euro, je nach Portionsgröße) probieren. Auch die Pasta

(3,20 bzw. 4,90 Euro) ist nicht zu verachten, ebenso die Kombination Panino plus Bionade für unter 5 Euro. Wer erst später in die Gänge kommt, kann sein Glück bei Luises Schwester Frida *(Steinheilstr. 10)* versuchen. Hier gibt's bis spätnachts Kleinigkeiten, Salate und Burger für unter 10 Euro. *Mo–Fr 10–15 Uhr | Luisenstr. 49 | Tel. 089 64 29 99 76 | www. luise49.de | U 2 Theresienstraße | Maxvorstadt*

IMBISSE & GASTRO-FILIALEN

BELLA ITALIA

Das gute alte Bella Italia findet sich gleich in mehrfacher Ausführung in München wieder. Allen Filialen gemeinsam sind die großen Portionen, die günstigen Preise und ein eher rustikales Interieur. Empfehlenswert sind vor allem der Haidhauser Ableger und die Filiale im Asamhof. Pizza oder Pasta mit Salat gibt's mittags für 6,90 Euro. Wenn man auf Fleisch oder Fisch zum Salat upgradet, sind 9,80 Euro fällig. Abends kommt man mit Pizza oder Pasta zwischen 5 und 10 Euro am günstigsten weg. *Mo–Fr 10–23.30, Sa/So 11–23.30 Uhr | Weißenburger Str. 2 | Tel. 089 48 61 79 | S 1–4, 6–8 Rosenheimer Platz | Haidhausen* [145 D1]*; tgl. 11–24 Uhr | Sendlinger Str. 28 (Asamhof) | Tel. 089 260 93 77 | U 1–3, 6 Sendlinger Tor | Zentrum* [132 C4]

CHINA EXPRESS [132 B3]

Schnell und günstig asiatisch essen mitten in der City. Vom Ambiente her ist der Imbiss vielleicht etwas zu clean. Das All-you-can-eat-Büffet kostet gerade mal knapp 8 Euro. Zur Wahl stehen chinesische und vietnamesische Spezialitäten sowie Sushi. *Tgl. 11–22 Uhr | Sonnenstr. 4 | Tel. 089 59 97 88 91 | U 4, 5 u. S 1–4, 6–8 Karlsplatz | Zentrum*

DEAN & DAVID

Im Wellnesszeitalter sind Salatbars weiter auf dem Vormarsch – das Münchner Angebot ist mittlerweile ganz ordentlich. Das gesunde Grünfutter gibt's in den inzwischen fünf Dean & David-Filialen in verschiedensten Zusammenstellungen, preislich bleibt man auf jeden Fall unter 8 Euro für eine Salatschüssel. Warme Gerichte wie Currys und Suppen runden das vielfältige Angebot ab. Zum herzhaften Frühstück, einer kleinen Mahlzeit zwischendurch oder als Sparsnack eignen sich die frischen Vitalbrote, Sandwiches und Wraps, die es eine Stunde vor Ladenschluss sogar 30 Prozent günstiger gibt. *Mo–Fr 9–21.30, Sa/So 10–21.30 Uhr | Schellingstr. 13 | Tel. 089 33 09 83 17 | U 3, 6 Universität | Maxvorstadt* [140 B2]; *Mo–Sa 10–21, So 12–18 Uhr | Sebastiansplatz 6 | Tel. 089 95 41 61 60 | U 3, 6, S 1–4, 6–8 Marienplatz | Zentrum* [133 D4–5]; *Mo–Sa 10–20 Uhr | Fünf Höfe City Quartier | Theatinerstr. 11–15 | Tel. 089 12 01 09 73 | U 3, 6, S 1–4, S 6–8 Marienplatz | Zentrum* [133 D2]; *Mo–Fr 9–21, Sa 9.30–21 Uhr | Karlsplatz Stachus UG | Tel. 089 51 11 49 79 | U 4, 5, S 1–4, 6–8 Karlsplatz | Zentrum* [132 B3]; *Mo–Fr 10–21.30, Sa/So 12–*

Macht Cocktailfans glücklich: die Happy Hour im Enchilada

18.30 Uhr | Tal 42 | Tel. 089 24 22 47 31 | S 1–4, 6–8 Isartor | Zentrum [133 E4]*; www.deananddavid.com*

DER KLEINE CHINESE

Der kleine Schnellküchenmeister aus Fernost hat in München gleich vier Filialen, in denen es sich günstig, gut und flink speisen lässt. Die Angebots-

palette reicht von Nasi Goreng bis zur Kanton-Ente. Preislich liegen die meisten Hauptgerichte zwischen 5 und 7 Euro. Von 10–18.30 Uhr gelten zudem noch etwas günstigere Mittagspreise. *Tgl. 10–22 Uhr | Schleißheimer Str. 18 | Tel. 089 52 99 34 | U 1 Stiglmaierplatz | Maxvorstadt* [139 F2]*; tgl. 10–23 Uhr | Fraunhoferstr. 35 | Tel. 089 202 11 32 | U 1, 2, 7 Fraunhoferstraße | Zentrum* [140 B5]*; tgl. 10–22 Uhr | Tal 28 | Tel. 089 29 16 35 36 | S 1–4, 6–8 Isartor | Zentrum* [133 E4]*; tgl. 10–22 Uhr | Weißenburger Str. 16 | Tel. 089 48 99 67 77 | S 1–4, 6–8 Rosenheimer Platz | Haidhausen* [141 D5]*; www.der-kleine-chinese.de*

ENCHILADA   [140 A2]

Sonntag ist Burgertag: Jeder Gast kann seinen Meisterburger nach den eigenen Vorlieben (Fleisch, Käse, Grünzeug, Saucen, Specials und Beilagen) selbst zusammenstellen und zahlt im günstigsten Fall 9,20 Euro. Darf's zum Herunterspülen ein Cocktail sein? Gerne, vor allem zur Happy Hour zwischen 17 und 20 Uhr, wenn alle Cocktails für 6,50 Euro (die Jumbo-Versionen für 7,50 Euro) über den Tresen gereicht werden. Ab 22.30

Uhr wird's auch noch mal interessant: Dann gibt's alle Margaritas für 5 Euro, Pitcher für 25 Euro und alle Jumbococktails für 7,50 Euro! *So–Do 17–1, Fr/Sa 17–2 Uhr | Gabelsbergerstr. 97 | Tel. 089 52 22 97 | www.enchilada.de | U 1 Stiglmaierplatz | Maxvorstadt*

Insider Tipp

IDAS MILCHLADEN [132 B4]

Hier scheint die Zeit stehen geblieben zu sein. Ein Milchladen, wie ihn unsere Großmütter noch kennen. Okay, die Milch spielt hier inzwischen keine große Rolle mehr, aber dafür Salate, Brotzeiten, Suppen, Quiche Lorraine und Süßspeisen zum Mitnehmen. Und das zu äußerst fairen Preisen (Quiche 3 Euro, hausgemachte Fleischpflanzerl 2,20 Euro). Die täglich wechselnden Mittagsgerichte kosten zwischen 4,90 und 7,90 Euro. Freitag nachmittags wird die Theke leer geräumt, dann kann man die Spezialitäten z. T. um 50 Prozent günstiger bekommen. *Mo–Fr 6–16 Uhr | Kreuzstr. 23 | Tel. 089 26 30 75 | www.idasmilchladen.de | U 1–3, 6 Sendlinger Tor | Zentrum*

LUCKY SUSHI [140 C5]

Die kleine, schlicht eingerichtete Sushibar, die neben rohem Fisch auch viele Wokgerichte anbietet, ist ein echter Preisbrecher. Wo gibt's schon eine Misosuppe für 2,50 Euro oder Rindfleisch in rotem Thaicurry für 7,50 Euro? Auch die neun- bis achtzehnteiligen Sushiplatten liegen alle zwischen fairen 8 und 17 Euro. Mittags ist das Essen sogar noch preiswerter, damit auch wirklich jeder Gast lucky wieder hinausgeht. *Mo–Fr 11–15.30 und 17–23, So 16–23 Uhr | Theresienstr. 57 | Tel. 089 57 00 45 75 | www.lucky-sushi-restaurant.de | U 2 Theresienstraße | Maxvorstadt*

RINGLERS [132 C5]

Valerie und Martin Ringler haben eine frühere Metzgerei übernommen und sie in eine tolle Imbiss-Anlaufstelle verwandelt. Die Sandwiches mit Fleischspezialitäten vom Grill (z. B. mit Ochsenfetzen oder Salchicha-Wurst) schmecken ausgezeichnet und sind mit 3,30 bis 4,80 Euro auch absolut erschwinglich. Aber auch die Tagesgerichte (zwischen 4 und 7 Euro) sind es immer wieder wert, der leckeren Versuchung nachzugeben. *Mo–Sa 8–19 Uhr | Sendlinger Str. 45 | Tel. 089 265549 | www.ringlers.net | U 1–3, 6 Sendlinger Tor | Zentrum*

ESSEN & TRINKEN

SUSHI SANO

Sushi essen ist ein eher kostspieliges Vergnügen. Bei den beiden zentrumsnah gelegenen Sano-Filialen (Restaurant und Nudelhaus) kommen Hobbyjapaner vergleichsweise günstig davon. Bei Bestellung à la carte gibt's Sushivariationen bereits ab 1 Euro pro Stück. Mehr als 30 verschiedene Sorten stehen täglich frisch zubereitet zur Auswahl. Wer auf das Take-away-Angebot zurückgreift, fährt sogar noch besser: 15 vegetarische Röllchen für 5 Euro sind ein echtes Kulinarikschnäppchen! Für 9 Euro bekommt man aber auch sechs Röllchen Lachs-Maki und fünf Nigiri-Sushi mit Lachs, Garnele, Eierstich, Dorade und Tintenfisch – ebenfalls ein prima Preis-Leistungsverhältnis. *Mo–Sa 11–22, So 16–22 Uhr | Josephspitalstr. 4 | Tel. 089 26 74 90 | U 1–3, 6, 7 Sendlinger Tor | Zentrum* [132 B4]*; Mo–Sa 11–21 Uhr | Zweibrückenstr. 19 | Tel. 089 21 56 83 30 | S 1–4, 6–8 Isartor | Zentrum* [133 F5]*; www.sushi-sano.de*

THAI MAGIE [133 E4]

Beim kleinen, magischen Thai am Viktualienmarkt stehen nicht nur Saté-Spieße, Currys und Co. hoch im Kurs, sondern auch Sushi, vietnamesische Pho- und japanische Ramensuppen. All diese Asialeckereien sind durch die Bank gut, und das Bankkonto belasten sie auch nur leicht. Pro Sushi-Rolle sind 1,50 bis 4 Euro fällig, und die warmen Hauptgerichte liegen bei etwa 5 bis 9 Euro. *Tgl. 11.30–21.30 Uhr | Westenriederstr. 13 | Tel. 089 21 66 82 64 | S 1–4, 6–8 Isartor | Zentrum*

RESTAURANTS

BAAL [139 F2]

Pasta oder Tapas? Das ist die Frage, wenn man im Baal sitzt. Die Küche bietet immer eine Auswahl von etwa sieben Nudelgerichten, die bei 6 Euro anfangen. Sonntags kann man frei nach Gusto wählen, dann kosten alle Pastateller pauschal 6,50 Euro (mit Salat 8,50 Euro). Oder doch lieber Tapas wie z. B. Gambas al ajillo, Chorizo oder Queso manchego? Ebenfalls gut und günstig. Die angenehme Wohnzimmeratmosphäre gibt's gratis dazu. *Mo–Fr 12–1, Sa/So 18–1 Uhr | Kreittmayrstr. 26 | Tel. 089 18 70 38 36 | www.osteria-baal. de | U 1 Stiglmaierplatz | Neuhausen*

COCO DE MER [144 A2]

Das einzige Seychellenrestaurant der

Stadt ist erheblich günstiger zu besuchen als das Inselparadies. Suppen bewegen sich preislich um die 6 Euro, Salate und vegetarische Gerichte liegen auch nur knapp über der 10-Euro-Schallmauer. Aber auch das pikant gewürzte Meeresfrüchtecurry mit Gemüse, Reis und Chutney für 14,80 Euro ist nicht überteuert und zudem köstlich. Für Familien interessant: der Seychellenbrunch am Wochenende. 🐷 Kinder bis 6 Jahren können gratis mitessen, zwischen 7 und 12 Jahren wird 1 Euro pro Lebensjahr berechnet. Teenager und Erwachsene zahlen 19,80 Euro pro Person, können sich aber am Büfett bedienen, so oft sie wollen. *Mo–Sa 18–1, So 10–1 Uhr | Dreimühlenstr. 30 | Tel. 089 139 27 65 03 | www.coco2mer.de | Bus 152 Ehrengutstraße | Schlachthofviertel*

DA CLAUDIO [140 B2]
Namensgeber Claudio ist mit seinem Lokal 2013 in größere Räumlichkeiten in der Türkenstraße umgezogen, aber für Sparfüchse sind weiterhin Montag und Freitag die Tage zum Vormerken. Fast alle neapolitanischen Teigfladen brutzeln am Montagmittag *(11–15 Uhr)* schon für 4,90 Euro im Pizzaofen, und die Pasta kommt freitags in allerlei Varianten sogar für unschlagbare 5,50 Euro auf den Tisch. *Mo–Fr 10.30–15 u. 18–23, Sa 18–23 Uhr | Türkenstr. 38 | Tel. 089 28 80 82 47 | Tram 27, 28 Pinakotheken | Maxvorstadt*

ESCOBAR [141 E5]
In der im typischen Tex-Mex-Style eingerichteten Escobar lockt eigentlich immer eine Offerte für sparsame Zeitgenossen. Montags ist es das große Tex-Mex-Büfett, an dem Sie sich für 11,90 Euro bedienen können. Sonntags schlägt für die auf denselben Preis heruntergesetzten Fajitas die große Stunde. Auch im Getränkesektor tut sich was: An Dienstagen schüttelt der Barkeeper den Mojito schon für 5,20 Euro. Selbiges gilt am Mittwoch für Caipirinhas und am Donnerstag für den Sex On The Beach. Und alle anderen Cocktails kosten zur Happy Hour *(Di–Sa 17–21 und ab 23 Uhr, So/Mo die ganze Nacht)* ebenfalls lediglich 5,20 Euro. *So–Fr 17–1, Sa 17–3 Uhr | Breisacherstr. 19 | Tel. 089 48 51 37 | www.escobar-muenchen.de | U 5, S 1–4, 6–8 Ostbahnhof | Haidhausen*

Jasmin Asia Cuisine: Feines fürs Auge und für den Gaumen

JASMIN ASIA CUISINE [143 E2]

Stilvoll sparen: Im vietnamesisch-thai-ländischen Restaurant in Sendling liegen sämtliche Mittagspreise unter der magischen 10-Euro-Grenze, abends gibt's einen Aufschlag von etwa 4 Euro bei den Hauptgerichten. Erfreulicher-weise ist das Essen in dem freundlich-hell eingerichteten Lokal nicht nur günstig, sondern auch wirklich gut. Vor allem die Tom-Kha-Gai-Suppe (mit-tags 3,30 Euro, abends 4,20 Euro), und der scharfe Rindfleischsalat (9 Euro) sind wärmstens zu empfehlen. *Mo–Fr 11–15 u. 18–23, Sa/So 18–23 Uhr | Lindwurmstr. 167 | Tel. 089 76 77 57 | www.jasmin-asia-cuisine.de | U 3, 6 Poccistraße | Sendling*

LOS BANDIDOS [143 F2]

Das überwiegend junge Publikum frönt mit seiner Wahl fürs Los Ban-didos einer ausgeprägten Sparleiden-schaft. Sonntags bis mittwochs gibt's zwischen 18 und 21 Uhr Happy-Hour-Preise auf Speisen und Getränke. Montags gilt zudem die Getränke-Happy-Hour die ganze

Nacht hindurch. So kostet der Halb-
liter-Humpen Cuba Libre beispielsweise nur 7,70 statt 13,80 Euro. Das
ist auch am Donnerstag so. Wer an
diesem Tag zunächst auf Sparflamme
kocht, kann später beim All-you-
can-eat-Tex-Mex-Büfett für nur 9
Euro schlemmen. *Tgl. 18–1 Uhr |
Thalkirchner Str. 71 | Tel. 089
74 79 33 27 | www.los-bandidos.de |
Bus 152 Ehrengutstraße | Dreimüh-
lenviertel*

LUCULLUS [144 B2]

Lukullische Genüsse in einer alles
anderen als luxuriösen Preisklasse.
Die einfache griechische Taverne ist
über den Geheimtippstatus längst
hinaus, doch die Hauptspeisen-
Preisklasse zwischen 8 und 13 Euro
überrascht immer noch viele Gäste.
Sogar feine Spezialitäten mit Lamm
und Kaninchen oder auch die Dorade
vom Grill ziehen dem Gast kein Vermögen aus der Tasche. Rechnet man
dann noch die vom freundlichen Service spendierten Ouzos hinzu, bleibt
die freudige Erkenntnis, ein echt
gutes Geschäft gemacht zu haben.
*Mo–Sa ab 17–1, So 12–1 Uhr | Bir-
kenau 31 | Tel. 089 66 29 51 | U 1, 2
Kolumbusplatz | Au-Untergiesing*

PAPPASITO'S [139 D3]

Im Tex-Mex-Klassiker an der Don-
nersberger Brücke wird von Diens-
tag bis Donnerstag der Geldbeutel
der Gäste geschont. Dienstags sind
vor allem Frauen im Vorteil: Sie dürfen bei der Ladies Night ab einem
Speisenumsatz von 10 Euro einen
XXL-Cocktail ihrer Wahl gratis
schlürfen. Mittwochs wird der Burgertag ausgerufen. Alle Hamburger-
variationen kosten dann durchweg
7,90 Euro, außerdem gibt's 20 Prozent Nachlass auf alle Getränke. Und
zu guter Letzt noch der Donnerstag:
An diesem Abend gibt es ein All-
you-can-eat-Büfett mit Chili con
Carne, Burgern, Fajitas, Chicken
Wings und vielem mehr für 13,90
Euro. Die normalen Cocktails zum
Runterspülen kosten an den genann-
ten Tagen und freitags und samstags
von 18–20 Uhr nur 5,50 Euro bzw.
im XXL-Format 8,50 Euro. *Mo–Do
18–1, Fr/Sa 18–3 Uhr | Erika-Mann-
Str. 60 | Tel. 089 272 13 46 | www.
pappasitos.de | S 1–4, 6–8 Donners-
berger Brücke | Westend*

PAROS [141 E4]

„Griechischer Wein" – nicht nur
Udo Jürgens outete sich in seinem

Song als Fan des hellenischen Rebensafts, auch viele Münchner pilgern montags gern zum legendären Weinabend in die griechische Taverne Paros. Frei nach dem Motto „All you can drink" schlendern die Gäste lässig ein ums andere Mal in Richtung Weinfass. Denn für 6 Euro dürfen Weinliebhaber ihr Glas dann nachfüllen, so oft sie möchten. Das klassisch in weiß-blau gehaltene Paros hat aber auch für Freunde der festen Nahrung ein Top-angebot: Der Mittwoch steht unter dem Motto „Eat Fish" und bietet ein Drei-Gänge-Menü für nur 12,80 Euro. *Tgl. 17–1 Uhr | Kirchenstr. 27 | Tel. 089 470 29 95 | www.paros-muenchen.de | U 4, 5 Max-Weber-Platz | Haidhausen*

CLEVER!

> Auch in Kantinen freut man sich über Gäste

Während sich einige Stockwerke höher Münchens Stadträte um die Zukunft der Landeshauptstadt kümmern, herrscht Hochbetrieb in der Kantine im Neuen Rathaus *(Mo–Fr 11–17, Sa 12–16 Uhr | Marienplatz 8 | Tel. 089 23 32 32 23 | www.gesund-und-koestlich.de | U 3, 6, S 1–4, 6–8 Marienplatz | Zentrum).* Sie gehört zu den besten der Stadt und verwendet ausschließlich zertifizierte Bio-Produkte aus regionaler Landwirtschaft. Touristen trifft man hier nicht so oft, Münchner hingegen schon. Gäste zahlen für die fünf Tagesgerichte 4–10,90 Euro. Auch in der Kantine der Elektriker-Innung *(Mo–Fr 7.30–16 Uhr | Schillerstr. 38 Haus II/4. Etage | Tel.* 089 551 80 91 61 | www.elektroinnung-muenchen.de | U 1, 2 ,4, 5, S 1–8 Hauptbahnhof | Ludwigsvorstadt) haben Fertiggerichte keine Chance. Wählen kann man hier aus drei, auch vegetarischen, Gerichten (3,90–6 Euro). Daneben gibt's noch eine Tagessuppe für 1,60 Euro. Einen Katzensprung weiter, in Neuhausen, verwöhnt die Bruckmann Kantine *(Mo–Fr 9–15.45 Uhr | Nymphenburger Str. 86 | Tel. 089 12 71 03 05 | www.diekantinen.de | U 1 Maillingerstraße | Neuhausen)* mit gutbürgerlicher Hausmannskost. Jeweils drei Speisen werden montags bis freitags für 4–5 Euro serviert. Gratis: pro Tagesgericht ein Softdrink.

PEPENERO

Unschlagbar günstige Preise sind das Markenzeichen des Pepenero, das es wegen des großen Besucherzuspruchs nun sogar in dreifacher Ausfertigung gibt. Neben dem in Lindgrün und Hellgrau gehaltenen Schwabinger Original können die Pepenero-Fans nun auch ins Glockenbachviertel pilgern oder sich im Lehel mit *cucina italiana* verwöhnen lassen. Und das – wie schon erwähnt – richtig preis-wert und gut. So steigt die Pizza im Pepenero etwa mit einem Erstgebot von 5,45 Euro ein. Auch die Pasta spielt keineswegs den Preistreiber, höchstens auf der Tageskarte findet sich mal ein „zweistelliges" Fischfilet. Die Portionen sind wirklich üppig, also lieber kein Drei-Gänge-Menü einplanen! *Tgl. 11.30–0 Uhr | Feilitzschstr. 23 | Tel. 089 38 99 88 83 | U 3, 6 Münchner Freiheit | Schwabing* [137 C4]; *tgl. 11.30–0 Uhr |*

CLEVER!

> *Wo geshoppt wird, wird auch geschlemmt*

Zugegeben, Restaurants in Einkaufszentren sind in Sachen Ambiente und Atmosphäre nicht unbedingt prickelnd, aber eines sind sie auf jeden Fall: günstig. In den Karstadtfilialen heißen die Restaurants Le Buffet und bieten unter der Woche zwischen 11 und 15 Uhr Mittagsangebote zum Preis von 5,95 Euro. Die Palette reicht von gefülltem Truthahnbraten mit Kartoffelgratin bis zu Seelachsfilet mit Rahmspinat und Salzkartoffeln. Wer dazu auch noch einen

tollen **Panoramablick** über die Dächer genießen möchte, dem empfehlen wir die Filiale im 5. Stock des Karstadt Oberpollinger *(Mo–Sa 9–20 Uhr | Neuhauser Str. 18 | Tel. 089 29 02 38 97 | U 4, 5, S 1–4, 6–8 Karlsplatz)*, die eine schöne Dachterrasse hat. Günstig speist man auch in den Dinea-Restaurants, die zur Galeria-Kaufhof-Kette gehören. Beim Frühstück geht's ab 4 Euro los, mittags (bis 14.30 Uhr) kostet das günstigste Gericht 6,95 Euro. *(Mo–Sa 9–20 Uhr | Marienplatz: Kaufingerstr. 1–5 | U 3, 6, S 1–4, 6–8 Marienplatz | Zentrum; Rotkreuzplatz: Pötschnerstr. 5 | U 1 Rotkreuzplatz | Neuhausen; Stachus: Karlsplatz 21–24 | U 4, 5, S 1–4, 6–8 Karlsplatz | Zentrum).*

Hans-Sachs-Str. 12 | Tel. 089 24 23 16 13 | U 1, 2 Fraunhoferstraße | Glockenbachviertel [140 B5]*; tgl. 11.30–0 Uhr | Thierschplatz 6 | Tel. 0162 826 87 20 | U 4, 5 Lehel | Lehel* [141 D3]*; www.pepe-nero.de*

RED PEPPER [139 D4]

Die Pepperoni im Namen hat den Wirt zu einem wahren Aktionsfeuerwerk inspiriert. So gibt's im Red Pepper beispielsweise wochentags zwischen 10 und 15 Uhr jeweils drei Business-Lunch-Gerichte für 6,90 Euro. Außerdem landen im täglichen Wechsel ab 15 Uhr Burger (Mo), Pizzen (Di), Schnitzel (Mi), mexikanische Gerichte (Do) und Pasta (Fr) zu günstigen Einheitspreisen zwischen 6,90 und 8,50 Euro auf dem Teller.

Damit am Wochenende nicht das große Jammern ausbricht, werden die hausintern beliebtesten zehn Gerichte und sämtliche Steaks mit einem Rabatt von 15 Prozent gegenüber dem Normalpreis serviert. Damit nicht genug: die Cocktail-Happy-Hour (5,60 Euro) gilt täglich von 17–20 Uhr und dann noch einmal ab 22 Uhr. *So–Fr 10–1, Sa 17–1 Uhr | Guldeinstr. 35 | Tel. 089 50 08 02 55 | www.redpepper-west*
end.de | S 1–4, 6–8 Donnersberger Brücke | Westend

SAMRAT [140 B5]

Wer sich mit der Küche zwischen Himalaya und Madurai auskennt, weiß, wie vorzüglich die traditionellen Tandoori- oder Mughlei-Gerichte schmecken. Das „Indische Spezialitätenrestaurant", wie es sich selbst nennt, liegt im umtriebigen Glockenbachviertel und verfügt zudem über einen praktischen Lieferservice, der *täglich (11.30–14.30 u. 17.30–22.55 Uhr)* Bestellungen aufnimmt. Die Hauptgerichte bewegen sich im Preisrahmen zwischen 8,50 und 16,50 Euro. Schmackhafte Mittagsmenüs ab 6 Euro lassen auch einer strapazierten Urlaubskasse noch reichlich Luft für einen entspannten Abend. 10 Prozent Rabatt gibt's zudem für alle Selbstabholer. Keine schlechte Idee, denn der Isarstrand ist nur fünf Minuten entfernt und lädt zum lässigen Lunch mit Flussblick ein. *Mo–Fr 11.30–14.30 u. 17.30–23, Sa 17.30–23, So 14–23 Uhr | Papa-Schmid-Str. 1 | Tel. 089 26 31 77 | www.samrat-muenchen.de | U 1, 2 Fraunhoferstraße | Glockenbachviertel*

TARULLO'S [132 B5

Sieht's so nicht in einem alten Landgasthof in der Toskana aus? Nippes und Erbstücke mit Bauernhofvergangenheit machen das Tarullo's am Sendlinger Tor ausgesprochen gemütlich. Dazu gibt's bodenständige Küche und einen Chef, der zu allerlei Scherzen aufgelegt ist. Spaßig sind auch die krummen Preise auf der Karte. Ein ordentlichen Teller voll Pasta wird schon ab 6,39 Euro serviert, die Pizza kommt bereits ab 6,29 Euro knusprig aus dem Steinofen. Mittags kann man schon ab 5,99 Euro schlemmen. Bemerkenswert: Die Karte listet sechs verschiedene Flaschenweine unter 15 Euro auf, ein ganz seltenes Kunststück in der Münchner Gastronomie. Im Frühjahr 2015 eröffnete das Tarullo's-Team mit dem Pecora Nera einen Ableger in der Nymphenburger Straße 98 mit exakt denselben Preisen. *Tgl. 11.30–1 Uhr | Kreuzstr. 18 | Tel. 089*

Vietnam und Thailand auf der Speisekarte: Das Viet-Thai

21 02 44 96 | www.tarullos.de | U 1–3,
6 Sendlinger Tor | Zentrum

VIET-THAI [140 B2]

Das sympathisch-familiäre Mini-restaurant im Univiertel lockt mit ebenso preiswerten wie schmackhaften thailändischen und vietnamesischen Spezialitäten seine Gäste an. Als Mittagsspecial gibt es ein Gericht mit Suppe oder Frühlingsrolle ab 6,90 Euro. Aber auch die normale Speisekarte bietet einige leckere Schnäppchen, wie das Hühnchen in rotem Thaicurry mit Gemüse für gerade mal 5,50 Euro. Vielleicht vorweg noch eine Tom-Kha-Gai-Suppe (3 Euro)? Eine empfehlenswerte Kombination für weniger als 10 Euro. Mo–Sa 11.30–15 u. 17.30–22, So 17.30–22 Uhr | Amalienstr. 21 | Tel. 089 24 29 04 95 | U 3, 6 Universität | Maxvorstadt

SELBSTKOCHER

UNSER DINNER

Zusammen isst man weniger allein. Über die Community unser-dinner.de können sich interessierte Hobbyköche und Genießer im privaten Rahmen verabreden und gemeinsame Kochabende verleben. Aber auch gemeinschaftliches Grillen oder Restaurantbesuche können hier annonciert werden. München ist mit einer eigenen Gruppe in der Community gut vertreten, hier sollten sich also Mitkocher und Mitesser finden lassen. www.unser-dinner.de

SUPPER CLUB

GENUSSKARTELL

München hat einen neuen Supper Club: das Genusskartell. Die Köche an der Platte sind drei passionierte Foodfreaks und Freunde des guten Gesprächs. Zwölf bis 18 Personen können einmal im Monat in wechselnden Locations ausgesprochen schmackhaft essen und dabei neue Leute kennenlernen und einen schönen Abend in entspannter Runde haben. Geld verdienen die Köche mit ihrem Supper-Club-Konzept nicht, aber durch einen Unkostenbeitrag von 40 Euro, den alle Gäste zahlen, sind zumindest die Kosten gedeckt. Gekocht wird ein 4-Gänge-Menü. Wer noch die passende Weinbegleitung dazu wünscht, zahlt zusätzlich noch mal 15 Euro. Die vier Gänge und ein Dutzend neue Bekanntschaften sind das Geld wert. www.genusskartell.com

181 [135 F3]

Über den Wolken mag zwar die Freiheit grenzenlos sein, aber nicht die Spendierfreudigkeit. Wie gut, dass man das Drehrestaurant im Olympiaturm auch zum „American Sunset Menu" aufsuchen kann *(tgl. 18–20 Uhr)*. Bei drei Gängen mit jeweils zwei Alternativen zur Auswahl für 42 Euro pro Person geht die Sonne innerlich auch nicht auf Tauchstation. Wer noch die passende Weinbegleitung zu den einzelnen Gängen haben möchte, muss noch mal 22 Euro investieren. *Tgl. 12–15 u. ab 18 Uhr | Spiridon-Louis-Ring 7 | Tel. 089 350 94 81 81 | www.restaurant181.com | U 3 Olympiazentrum | Schwabing*

GEISEL'S VINOTHEK [140 A3]

Das rustikale Restaurant samt vorzüglichem Weinkeller überzeugt auch mit seinen Speisen. Zugegeben, die ausgezeichnete alpenländische Küche ist nicht ganz billig, aber es geht auch günstiger. Das tägliche Mittagsmenü (19,50 Euro) lockt mit zwei köstlichen Gängen wie einer kleinen Portion San-Daniele-Schinken mit marinierten Oliven und einem Hauptgang wie Rinderfiletspitzen mit Walnuss-Spätzle einschließlich Kaffee und einem halben Liter Pellegrino. Abends kann man sich außerdem sein persönliches Drei-Gänge-Menü aus der aktuellen Speisekarte selbst zusammenstellen und fährt dabei mit einem Pauschalpreis von 42 Euro sehr gut. *Mo–Sa 12–1, So 18–1 Uhr | Schützenstr. 11 | Tel. 089 55 13 71 40 | www.excelsior-hotel.de | U 1 ,2 ,4 , 5, S 1–4, 6–8 Hauptbahnhof | Ludwigsvorstadt*

MANGOSTIN [143 E5]

Der legendäre sonntägliche Brunch für 65 Euro ist eine kulinarische Weltreise auf Topniveau. Günstiger wird es sonntags von 17 bis 20 Uhr, wenn im Lemon Grass Restaurant zum Familienbüfett für 28,50 Euro geladen wird. Für Kinder von 6 bis 12 Jahren sind 9,50 Euro zu berappen. 🐷 Und bis zu zwei Kinder unter 6 Jahren futtern auf Kosten des Hauses. Ein weiteres lohnendes Angebot ist das Business & Leisure Lunch Büffet (25,50 Euro). Nicht nur Geschäftsreisende trifft man hier montags bis freitags von 11.30

bis 14.30 Uhr am Thai-Suppenwagen, bei den traditionellen Curry-Claypots oder an den Wokpfannen. *Mo–Sa 11.30–14.30 u. 18–24, So 11–24 Uhr | Maria-Einsiedel-Str. 2 | Tel. 089 723 20 31 | www.mangostin.de | U 3 Thalkirchen | Thalkirchen*

RESTAURANT NO 15   [140 B1]

Das mit einem Michelin-Stern gekrönte französische Restaurant ist trotz aller Feinschmecker-Lobeshymnen nicht abgehoben und lockt weiterhin mit einer recht bodenständigen Preispolitik. Das Mittagsmenü kostet 20 oder 25 Euro, je nachdem, ob man für zwei oder drei Gänge Platz unter der Gürtelschnalle findet. Und auch das Abendmenü (fünf Gänge für 85 Euro) bewegt sich in einem akzeptablen Rahmen. Der warmherzige Empfang von Chef Michel Dupuis (früher jahrelang im Dukatz) und seiner Frau Aysun bleibt neben der köstlichen Haute Cuisine von Chefkoch Ully Schroth besonders positiv in Erinnerung. Auch der Service ist trotz der Michelin-Auszeichnung alles andere als steif. Nur das schlichte Ambiente mit den weiß eingedeckten Tischen und den lederbezogenen Bänken könnte nach unserem Geschmack ruhig noch etwas lebendiger ausfallen. *Di–Fr 12–14 u. 18.30–22, Sa 18.30–22 Uhr | Neureutherstr. 15 | Tel. 089 39 99 36 | http://restaurant-n15.com | U 2 Josephsplatz | Maxvorstadt*

TANTRIS   [136 C3]

Wer mal in Münchens bestes Restaurant hineinschnuppern möchte, muss sich das schon einiges kosten lassen. Aber das Samstagmittag-Arrangement bietet einen akzeptablen Kompromiss. Das Team verwöhnt seine Gäste an diesem Tag mit einem viergängigen Spezial-menü einschließlich Weiß- und Rotwein sowie Dessertwein für 140 Euro pro Kopf. Gratis dazu gibt's auf jeden Fall das zeitlose, originale Seventies-Interieur mit Kugellampen in warmen Orange- und Gelbtönen, das allein schon einen Besuch wert ist. *Di–Sa 12–15 u. 18.30–1 Uhr | Johann-Fichte-Str. 7 | Tel. 089 361 95 90 | www.tantris.de | U 6 Dietlindenstraße | Schwabing*

> Auf zur Schnäppchenjagd! Bei diesen Shopping-adressen lacht der Geldbeutel

Auch Modebewusste mit kleinem Budget müssen in München nicht auf den Kauf edler Designerkleidung verzichten. Möglichkeiten gibt es genug: Marken wie Missoni, Aigner, Prada, Ralph Lauren Polo oder Louis Vuitton können Sie zum Beispiel in bestem Zustand aus zweiter Hand und damit bis zu 70 Prozent günstiger kaufen. Wer auch für Neues nicht ganz so viel Geld ausgeben möchte, der findet in den Markenoutlets von Hallhuber oder Replay das Passende.

Wenn Sie beim Shoppen das schlechte Gewissen plagt, weil der Kleiderschrank bereits vor Überlastung knarzt, dann sei Ihnen ein Ein-

kauf beim Verein Freie Selbsthilfe ans Herz gelegt. Hier kann man Wahnsinnsschnäppchen ergattern und sogar eigene Kleidung auf Kommission abgeben oder einem guten Zweck zuführen. Aber Shoppen ist nicht gleich Mode, Sie finden hier natürlich auch Tipps zu günstigen Sportgeschäften, Möbelhäusern und kleinen Krimskramsläden, die immer für ausgefallene und vor allem preiswerte Geschenkideen gut sind. Selbst Münchner können sich auf noch nicht entdeckte Überraschungen freuen, denn die Isarmetropole besteht wirklich nicht nur aus der Luxusmeile Maximilianstraße.

SHOPPEN

FLOHMÄRKTE

NACHTKONSUM
NACHTFLOHMÄRKTE [145 E1]

Endlich nicht mehr in aller Herrgottsfrühe aufstehen müssen, um die besten Schnäppchen aus zweiter Hand zu ergattern! Der Nachtkonsum-Eventflohmarkt in der Tonhalle und in anderen Locations geht ab 17 Uhr los und bietet neben dem preisgünstigen Shoppingfieber auch Livemusik, Getränke und ein festes Dach überm Kopf. Das Konzept wird immer beliebter. *Jeden 2. Fr im Monat 17–24 Uhr | Grafinger Str. 6 | www.nachtkonsum.com | U 5, S 1–4, 6–8 Ostbahnhof | Berg am Laim*

OLYMPIAPARK [135 E3]

Auf dem Olympiaparkplatz am Mittleren Ring findet jeden Freitag und Samstag von 7 bis 16 Uhr (außer an Feiertagen) ein Flohmarkt statt. Bei Großveranstaltungen wie Konzerten oder sportlichen Events, bei denen der Parkplatz für die Autos der Besucher benötigt wird, entfällt der Basar. Die Suche nach kleinen Schätzen wird immer beliebter, und so verwundert es einen nicht, dass Nachtschwärmer nach einer durchtanzten Diskonacht hier zur After-Hour-Schnäppchenjagd einlaufen. *Parkharfe am Olympiastadion | U 3 Olympiazentrum, Tram 20, 21 Olympiapark West | Moosach*

THERESIENWIESE [139 E–F 4–5] Insider Tipp

Die Bavaria wacht einmal im Jahr am ersten Samstag des Frühlingsfestes über den größten Flohmarkt Mün-

chens. Die halbe Stadt schleppt dann alte Kindermöbel, Fahrräder, Kleidung, jede Menge Nippes und ausrangierten, aber interessanten und brauchbaren Krimskrams zur Theresienwiese. Natürlich lassen sich auch die Profis das dicke Geschäft mit den Dumpingpreisen nicht entgehen, sowohl als Käufer als auch als Verkäufer. Tipp: Wecker stellen und die Taschenlampe einpacken. Echte Kenner sind schon um 5 Uhr morgens unterwegs und streifen zwischen Kisten und Ständen umher. *Theresienwiese | U 4, 5 Theresienwiese | Zentrum*

MÖBEL

HALLE 2 – ALLES AUS ZWEITER HAND [144 B2]

Was die Münchner zum Sperrmüll tragen, ist unglaublich: funktionierende Elektrogeräte, Kanus, Golfschläger, Bierkrüge, Sofas, aber auch Fahrräder, die von den Angestellten der Stadt repariert und anschließend verkauft werden. Dieses täglich wechselnde Sammelsurium an Möbeln, Hausrat, Büchern, Spielsachen und mehr zu Preisen ab 50 Cent bekommt in der Halle 2 kurzzeitig ein Dach überm Kopf: Kleiner Haken für Flugreisende: Die Secondhand-

CLEVER!

> *Wohnobjekte in wahrer Retro-Schönheit*

Gut erhaltene Möbel und Wohnobjekte auf Kommissionsbasis sind das altbewährte Konzept der Secondhand-Möbelschatzkammer Kommbar. Wenn Sie ein paar Tage länger in der Stadt sein sollten und Lust auf schöne Vintageaccessoires haben, sollten Sie öfter mal vorbeischauen: Das Angebot ändert sich fast täglich, ständig kommt frische Ware herein. Die Homepage zeigt zwar einen Großteil der Ausstellungsstücke, kann aber naturgemäß die täglichen Lieferungen nicht sofort erfassen. Die Ecke mit Einrichtungsgegenständen aus den 1950er- und 1960er-Jahren ist der Hotspot für Schnäppchenjäger. Hier kaufen sogar Händler Sixtieslampen ab 30 Euro, die sie dann später in ihren Designermöbel-Boutiquen für knapp 100 Euro anbieten. *Mo–Fr 10–19, Sa 10–18 Uhr | Hofmannstr. 7 | www.kommbar.de | U 3 Aidenbachstraße, S 7 Siemenswerke, Bus 53 Hofmannstraße | Obersendling*

Schätze sollten ins Handgepäck passen. *Di–Fr 15–18, Sa 9–13 Uhr | Sachsenstr. 29 | www.awm-muenchen.de | U 1, 2 Kolumbusplatz, Bus 58 Claude-Lorrain-Straße | Giesing*

KARE FUNDGRUBE & FABRIKVERKAUF

Das Einrichtungshaus Kare hat einen relativ unbekannten Ableger im Euro-Industriepark und einen Fabrikverkauf in Garching, wo die Preise jeweils um bis zu 70 Prozent reduziert sind. Wen also ein kleiner Kratzer nicht weiter juckt, der kann sich in der Fundgrube quietschbunte Wohnaccessoires (von Duschvorhängen über Wanduhren bis hin zu Lampen) oder das eine oder andere Möbelstück sichern. Vorsicht: Die Fundgrube ist nicht ganz leicht zu finden, der Eingang erinnert eher an eine LKW-Rampe. Tipp für Großeinkäufer: Kare bietet auf Anfrage einen weltweiten Lieferservice. *Mo–Sa 10– 20 Uhr | Lotte-Branz-Str. 6 | Tel. 089 37 06 11 25 | Bus 177 Ingolstädterstraße | Euroindustriepark* **[148 C2]***; Mo–Sa 10–19 Uhr | Schleißheimer Str. 85 | Tel. 089 46 13 72 42 | U 6 Garching-Hochbrück | Garching* **[140 A1]***; www.muenchenoutlet.de*

MÖBEL WILLINGER   **[141 E5]**

Beim Haidhauser Traditionsmöbelhaus gibt's Ausstellungsstücke zu Topkonditionen. Die um bis zu 90 Prozent reduzierten Preise sind Abholpreise, Interessenten müssen also im Hauptgeschäft oder im Lager an der Grafinger Straße selber Hand anlegen. Gegen einen geringen Aufpreis ist eine Lieferung und sogar die fachgerechte Montage möglich. Im Lager finden sich auch Elektrogeräte, Kommissionsware und gebrauchte Möbel. *Mo–Fr 9.30–19, Sa 10–17 Uhr | Wörthstr. 32–24 | Tel. 089 459 94 70 | U 5, S 1–4, 6–8 Ostbahnhof | Haidhausen*

MODE & OUTLETS

BLUE TOMATO OUTLET   **[140 C5]**

Gegenüber vom Müllerschen Volksbad können Boarder und Outdoor-Aktivisten ein blaues Wunder erleben: Streetwear und Schuhe aus der letzten Saison sind bis zu 40 Prozent günstiger. Und Snowboarder finden unter Marken wie Burton, Nitro, Nixon oder Roxy sicher das ein oder andere Schnäppchen. *Mo–Fr 11–20, Sa 10–20 Uhr | Rosenheimer Str. 2 | Tel. 089 44 21 85 33 | S 1–4, 6–8 Rosenheimer Platz | Haidhausen*

HALLHUBER [136 C1]

Lagerverkauf von Musterteilen und Modekollektionen der letzten Saison sowie Kleidungsstücke mit kleinen Fehlern – es lohnt sich unbedingt, hier vorbeizuschauen. Im Outlet sind die Teile 30 bis 50 Prozent günstiger zu haben. Auch Accessoires, Taschen und Schmuck gibt's hier zum Schnäppchenpreis. *Mo–Sa 10–19 Uhr | Frankfurter Ring 105 | www.hallhuber.com | U 2 Frankfurter Ring | Milbertshofen*

PARSDORF CITY OUTLETS & MORE [149 D2]

Gut 15 bekannte Markennamen unter einem Dach! S.Oliver, Gerry Weber, Stefanel, Puma, Käfer, Tom Tailor, Schiesser, Esprit, Hallhuber, Tretter, Trigema, Pierre Cardin, More & More, Nike und einige Läden mehr teilen sich das Lagerhaus östlich von München. Dementsprechend vielfältig ist auch das Gesamtangebot, es reicht von trendigen Klamotten über verführerische Dessous und schicke

Ein kerniges Outfit fürs Oktoberfest? Gibt's bei Wiesn Tracht & Mehr geldbeutelfreundlich

Schuhe bis hin zu kulinarischen Delikatessen. Und das Beste: Eine Ersparnis von 40 Prozent gegenüber dem Normalpreis ist keine Seltenheit. Eine Anfahrt mit dem Auto ist wegen der Lage sehr zu empfehlen: Einfach der Beschilderung zum Einrichtungshaus Segmüller folgen, der Lagerverkauf liegt direkt gegenüber. *Mo–Sa 10–19 Uhr, 4 x im Jahr auch So | Heimstettener Str. 1 | www.parsdorfcity.de | Parsdorf*

REPLAY OUTLET [143 D5]

Jeans, Jeans und Jeans – soweit das Auge reicht. Das einstige Arbeiteroutfit ist heute immer noch sehr gefragt, besonders Trendmarken wie Replay. Die Kollektion aus dem Vorjahr gibt es hier 40 bis 50 Prozent günstiger. Und Teile mit kleinen Fehlern sind sogar nochmals reduziert. Familientipp: die Abteilung für Kinderkleidung. *Mo–Fr 10.30–19, Sa 10–16 Uhr | Hofmannstr. 7a | U 3 Aidenbachstraße | Sendling*

TRIUMPH HAUSVERKAUF [139 F3]

Nicht nur Frauenaugen beginnen in der Marsstraße zu leuchten, wenn sie das riesige Triumph-Unterwäsche-Angebot erblicken. Denn neben Damenwäsche sind die Regale und Kleiderständer auch mit ein wenig Herrenunterwäsche und reichlich Bademoden, Bettwäsche oder Morgenmänteln bestückt. Der Großteil des Sortiments liegt 20 bis 40 Prozent unter dem normalen Handelspreis. *Mo–Fr 9–18, Sa 10–16 Uhr | Marsstr. 40 | U 1 Stiglmaierplatz | Maxvorstadt*

WIESN TRACHT & MEHR [133 E4] Insider Tipp

Im Schaufenster im City-Shop im Tal liegen kurze Discodirndl und Lederhosen – nett, aber für echte Bayern eigentlich ein No-Go. Dieser Trachtenladen mit insgesamt sechs über die Stadt verteilten Filialen geht eben mit dem Puls der Zeit. Keine Sorge, im Inneren gibt es selbstverständlich auch ordentliche lange Dirndl und „g'scheite" Lederhosen. Und die Preise sind unschlagbar günstig. Während der Wiesn geht's hier zu wie auf dem Oktoberfest! *Mo–Fr 10.30–19.30, Sa 10–19 Uhr | Im Tal 19 | www.wiesn-tracht-mehr.de | U 3, 6, S 1–4, 6–8 Marienplatz | Zentrum*

SECONDHAND

ALEXA'S [133 D5]

Inhaberin Alexa Schab gilt in Insiderkreisen als die Vintagekönigin von

München. Egal ob Twiggylook oder Schlaghose – bei Alexa's erblüht die Mode der 1950er- bis 1980er-Jahre zu neuem Leben. Mit etwas Glück ergattern Kenner in dem flippigen Shop sogar Vintageschätze von YSL, Dior oder Chanel. Das perfekte Ausgehstyling gibt's hier bereits zum Kaufpreis von schlappen 30 Euro. Es versteht sich natürlich von selbst, dass ein Paar Schuhe im Preis mitinbegriffen sind. *Mo–Fr 13–19, Sa 11–18 Uhr | Utzschneiderstr. 10 | www.alexas.de | U 3, 6, S 1–4, 6–8 Marienplatz | Zentrum*

CREME 71 [139 D2]

Creme 21 kennen die älteren Zeitgenossen vielleicht noch aus dem Badezimmer der Kindertage, Creme 71 dagegen ist noch ein Geheimtipp. Der gleichnamige Neuhauser Secondhand- und Retroshop bietet Vintageklamotten aus den 1960er- und 70er-Jahren, dazu Süßigkeiten, Telefone, Lampen, Design- und Möbelstücke sowie Schallplatten aus den guten alten Zeiten. Wer noch Stoff für eine Mottoparty sucht: Kostüme und Requisiten kann man hier auch mieten. *Mo–Sa 11–19 Uhr | Donnersberger Str. 9c | U 1 Rotkreuzplatz | Neuhausen*

DAMENABTEILUNG/ HERRENABTEILUNG [139 E4]

Inside Tip

Ob es daran liegt, dass Damen- und Herrenabteilung zusammengelegt wurden? Seit die Geschlechter gemeinsam shoppen können, floriert nämlich das Secondhandbusiness. T-Shirts mit coolen Drucken ab 15 Euro, Mützen, Krawatten, Anzüge und und und. Zwischen den Schnäppchen verbergen sich öfter ein paar Designerteile zum Dumpingpreis. Lässiger Laden! *Mo–Sa 11–20 Uhr | Schwanthalerstr. 156 | U 4, 5 Theresienstraße | Westend*

FREIE SELBSTHILFE E.V. [140 B2]

Der Verein Freie Selbsthilfe folgt dem Konzept der Heilsarmeen: Hausrat, Schmuck, Kleinmöbel, Lampen, Nachlässe und eine Etage mit Kleidung (kleine, aber feine Dirndlauswahl) zu sehr günstigen Preisen, und zwar nicht nur für Bedürftige. Alle Damen arbeiten ehrenamtlich und sind einfach reizend. Hier gibt es außerdem mit Sicherheit den einen oder anderen Bierkrug und andere Bayernmemorabilia als Souvenir zu ergattern. *Mo– Mi, Fr 10–16, Do 13–18.30, Sa 11–14 Uhr | Theresienstr. 66, Rgb. | Tram 27, 28 Pinakotheken | Maxvorstadt*

MACY [141 D4]

Insider Tipp

Feine Sache, das regelmäßige Angebot an Designerware reicht von Marc Jacobs bis Helmut Lang. Luxus-Schnäppchen gibt es bereits ab 100 Euro. Lohnend für den kleinen Geldbeutel: das eine oder andere Teil von Zara oder More & More. Reichlich Abwechslung fürs starke Geschlecht bietet die kleine Männerabteilung im hinteren Ladenbereich. Outfits für den großen Auftritt sind hier für vergleichsweise kleines Geld zu haben. Auch wer sein Mobiliar daheim mit guten alten Stücken aufhübschen möchte, kann hier Glück haben. *Mo–Fr 11.45–19, Sa 11.45–16 Uhr | Johannisplatz 20 | U 4, 5 Max-Weber-Platz | Haidhausen*

MARION BY MARION HEINRICH [133 E4]

Der kleine Ableger des Marion-Heinrich-Stores in der Residenzstraße ist ein heißer Tipp für Fans von Vintage-Designerkleidung. Bis zu 70 Prozent können die Kundinnen hier sparen. Die Liste der Designeroutfits ist lang und prominent besetzt: Alaia, Chloe, Manolo Blahnik, Tom Ford, Victoria Beckham und viele weitere große Namen hängen an den Kleiderhaken. *Mo–Fr 11–19, Sa 11–18 Uhr | Hoch-brückenstr. 10 | Tel. 089 290 49 58 | www.marion-heinrich.de | S 1–4, 6–8 Isartor | Zentrum*

MONO [141 E5]

Alphabetisch geordnet in den Regaltischen findet man CDs ab 2,50 Euro und Vinyl um die 10 Euro. Natürlich gebraucht! Vor allem Liebhaber von Indiemusik sind im Mono bestens aufgehoben. Neben Raritäten und Klassikern sind auch aktuelle CDs im Angebot. Nachfragen am Tresen lohnt sich! Der Inhaber hat einen exzellenten Geschmack und ist immer für einen Tipp gut. *Mi, Do 14–20, Fr 14–18.30, Sa 10–14 Uhr | Breisacher Str. 21 | www.sechzig.de | U 5, S 1–4, 6–8 Ostbahnhof | Haidhausen*

SECONDHAND AGENTUR [136 C5]

Die Designerteile, die nur etwa ein Drittel des normalen Ladenpreises kosten, sind günstig, wenn auch nicht billig. Dennoch hängt in der Secondhandagentur kaum ein Stück länger als zwei Monate am Kleiderhaken. Inhaberin Monica Arens hat ein weltweites Netzwerk an Modeagentinnen, von denen sie Markenkleidung in einem Topzustand zugespielt bekommt. Das Geheimnis hinter den vielen Luxus-

schnäppchen: Die eleganten Damen der High Society können ihre teuren Abendkleider ja schließlich nicht auf mehreren Benefizveranstaltungen tragen, sodass diese sich bald mitten in Schwabing wiederfinden – um Ihren Geldbeutel zu erfreuen. *Mo–Fr 11–18, Sa 11–16 Uhr | Siegesstr. 20 | www.secondhand-agentur.com | U 3, 6 Münchner Freiheit | Schwabing*

STOFFWECHSEL [139 D2]

Nicht nur günstige Damen-, Herren- und Kinderbekleidung, sondern auch eine eigene Taschenkollektion sowie Tee, Kaffee oder Schokolade aus fairem Handel bietet der Stoffwechsel-shop. Ins Geschäft integriert ist eine Wertstoffinsel: Hier können gut erhaltene Kleider gespendet werden, die dann zu sehr günstigen Preisen weiterverkauft werden. Hinter dem Konzept steckt die soziale Integrations- und Beschäftigungsinitiative Diakonia. *Di–Fr 10–19, Sa 10–16 Uhr | Donnersbergerstr. 32 (Eingang Hirschbergstraße) | www.stoffwechsel-muenchen.de | U 1 Rotkreuzplatz | Neuhausen*

VINTAGE LOVE [133 E5]

Inge Grandl hat ein gutes Auge für zeitlose Kleidung aus zweiter Hand: jede Menge Kleider, Mäntel und eine tolle Auswahl an Handtaschen. Auch wer nach gebrauchten Lederjacken sucht, sollte einen Abstecher hierhin machen. Tipp: das Emilio-Pucci-Sortiment aus unterschiedlichen Jahrzehnten. Wer ein hübsches Einzelstück sucht und trotzdem kein Vermögen ausgeben möchte, ist hier goldrichtig! *Mo–Fr 13–19, Sa 13–18 Uhr | Frauenstr. 22 | www.vintageandmore.de | S 1–4, 6–8 Isartor | Zentrum*

SOUVERNIRS & GESCHENKE ■

APARTMENT SHOP [140 B2]

Wer einmal in dieses kunterbunte, kleine Lädchen mit viel Nippes für den schmalen Geldbeutel geraten ist, kommt vor lauter Stöbern – und wegen des ständigen Gegenverkehrs – nicht mehr so schnell raus. Es gibt eben doch ein paar mehr Leute, die sich für ausgefallene Lampen, schräges Geschirr, Küchenuhren im Retrolook, Stars im Puppenformat, exotisch duftende Seifen oder extravagante Schlüsselanhänger, Strandtücher und Fußabstreifer interessieren. *Mo–Fr 11–18.30, Sa 11–16 Uhr | Barerstr. 49 | www.apartment-shop.com | Tram 27, 28 Schellingstraße | Maxvorstadt*

MÄDEL [140 B5]

„Gutes von gestern" und „Qualitätswaren fürs Leben" lautet das Motto von Michaela Mädel, die in ihrem charmanten Minishop die 1950er- bis 1970er-Jahre hochleben lässt. Aus diesen Jahrzehnten hat sie allerlei Haushaltswaren, Kultobjekte, Vasen, Tapeten, Vorhänge, Lampen, Vintagetaschen und Klamotten zusammengetragen – und gibt sie zu einem wirklich fairen Preis auch gern wieder her. Schnäppchenjäger können schon ab 3 Euro fündig werden, und 50 Euro sind im Normalfall die Obergrenze. *Di–Fr 12–18, Sa 12–16 Uhr | Jahnstr. 20 | www.maedel-objekte.de | U 1, 2 Fraunhoferstraße | Glockenbachviertel*

SERVUS HEIMAT

Den lässigsten, bayerischsten Souvenirladen der Stadt gibt's gleich in dreifacher Ausführung, in der Brunnstraße, im Tal und im Stadtmuseum, wo sogar sonntags geöffnet ist – perfekt für Last-Minute-Mitbringsel! Egal, wo man vorbeischaut, der Servus-Heimat-Shop ist und bleibt das reinste Geschenkparadies für alle, die Jagd auf bajuwarische Kleinode machen möchten. Darf's diesmal ein Brezn-Schlüsselanhänger aus Filz für 5,90 Euro, ein Münchner-Kindl-Shirt fürs Töchterchen (21,90 Euro), ein stählerner Hirschgeweih-Flaschenöffner (11,90 Euro) oder doch die Badeente in Tracht für 9 Euro sein? Für was auch immer Sie sich entscheiden – ein Stück origineller bayerischer Lebenskultur gehört fortan Ihnen. *Mo–Sa 10–19 Uhr | Brunnstr. 3 | U 1–3, 6 Sendlinger Tor | Zentrum* [132 C4]*; Filiale im Tal: Mo–Sa 10–19 Uhr | Tal 20 (Eingang Radlsteg) | S 1–4, 6–8 Isartor | Zentrum* [133 E4]*; Filiale im Münchner Stadtmuseum: Mo–Sa 10–19, So 10–18 Uhr | St.-Jakobs-Platz 1 | U 3, 6, S 1–4, 6–8 Marienplatz | Zentrum* [133 D4]*; www.servusheimat.de*

SPORT

MOTORAMA SPORT-FUNDGRUBE [141 D5]

Wetterfeste Outdoor-Markenartikel von Vaude, Icepeak & Co. können Sie hier zu stark reduzierten Preisen kaufen. Und nicht nur das: Auch namhafte Sportschuhe und -kleidung finden sich im Angebot. Das alles ist bis zu 70 Prozent günstiger gegenüber den normalen Preisen, bei zeitlich begrenzten Angeboten spart man sogar bis zu satten 90 Prozent!

Mit dem Fahrrad durch München – bei Second Hand Sports erst mieten, dann kaufen

Mo–Sa 9–20 Uhr | Rosenheimer Str. 30–32 | www.sportfundgrube.com | S 1–4, 6–8 Rosenheimer Platz | Haidhausen

SECOND HAND SPORTS   [139 F2]

Das Fachgeschäft für gebrauchte Sportartikel hat u. a. Snowboards, komplette Skiausrüstungen, Fahrräder, Golfequipment und Inlineskates im Sortiment. Bei bis zu 50 Prozent Sparquote sind hier auch Restposten, Konkursmasse, Kratzerware und Auslaufmodelle im Angebot. Tipp: ==günstige Fahrräder zum Mieten== (10 Euro/24 Stunden). Insi Tip

> **www.marcopolo.de/muenchen**

SPORT SCHECK HOTSPOT [145 E1]

In der Einkaufspassage im Ostbahn-hof-Untergeschoss können sportlich aktive Zeitgenossen insbesondere bei Outdoorbekleidung und Schuhen ein gutes Geschäft machen. Auslauf-modelle und Restposten der vergangenen Saison sind hier deutlich reduziert zu bekommen. *Mo–Fr 9–19, Sa 9–18 Uhr | Orleansplatz 11 | Tel. 089 44 90 03 41 | www.sport scheck.com | U 5, S 1–4, 6–8 Ostbahnhof | Haidhausen*

WERKSTATT R18 [136 B1]

Fahrräder aus zweiter Hand, professionelle Reparatur mit Ersatzrad-Leihservice, Entsorgung alter Bikes und eine eigene Werkstatt – das alles bietet die Einrichtung der Berufsbezogenen Jugendhilfe. Wer umweltfreundlich durch die Stadt düsen möchte, bekommt die generalüberholten gebrauchten Drahtesel zu einem fairen Preis: Räder sind schon ab etwa 110 Euro zu haben (Kinderfahrräder schon ab 45 Euro). *Mo/Di, Do/Fr 10–12 u. 13–18, Sa 10–14 Uhr | Wallensteinplatz 2, Rgb. | info@werk stattR18.de | U 2 Milbertshofen, Bus 50 Moosacher Straße, Bus 177 Curt-Mezger-Platz | Milbertshofen*

Wer seinen Leihdrahtesel auch weiterhin behalten möchte, kann diesen nach Abzug der Leihgebühr auch kaufen – sehr fair (ab 69 Euro)! *Di–Fr 10–19, Sa 10–17 Uhr | Nymphenburger Str. 25 | www.second hand-sport.de | U 1 Stiglmaierplatz | Neuhausen*

AIGNER LAGERVERKAUF [148 C2]

Aigner steht für edle Lederaccessoires, wie Taschen, Gürtel oder Geldbörsen. Der Lagerverkauf im Münchner Osten bietet ein Sortiment, das 30 bis 70 Prozent billiger als normal verkauft wird, darunter sind z. B. Vorjahreskollektionen und Musterstücke. Besonderen Wert legt die Firma auf die Tatsache, dass sämtliche Edeltaschen, die zu reduzierten Preisen angeboten werden, makellos sind. *Mo–Fr 10–18, Sa 10–16 Uhr | Karl-Schmid-Str. 13 | U 2 Moosfeld | Riem*

LODEN-FREY OUTLET [134 C1]

Das Edelkaufhaus in der Münchner Innenstadt besitzt auch einen kleinen Lagerverkauf in Moosach im Münchner Nordwesten. Das Angebot konzentriert sich auf den Bereich Trachten- und Lodenmode. Darüber hinaus finden Luxusshopper Stücke aus exklusiven Designer- und Markenkollektionen, die bis zu 50 Prozent günstiger sind. *Mo–Sa 9.30–18 Uhr | Triebstr. 36 | Tel. 089 14 90 08 10 | www.lodenfrey.com | U 1, 3 Olympia-Einkaufszentrum | Moosach*

Aigner Lagerverkauf: Edle Begleiter für jeden Anlass

MODEWELT MÜNCHEN [136 B4]

Dieser Showroom für internationale Marken ist einen Abstecher Richtung Luitpoldpark wert. Ausgefallene Designerware und Einzelteile, attraktive Stoffe und Muster, diverse Accessoires und auf Wunsch ein prickelndes Getränk – die Damenwelt kann sich hier zu erschwinglichen Konditionen schön neu einkleiden. *Mo–Fr 10–18, Sa 10–13 Uhr | Angererstr. 9 | Tel. 089 32 37 36 77 | U 2 Hohenzollernplatz | Schwabing*

POPLET (POOL OUTLET) [132 B4]

An der Edelmeile Maximilianstraße (gegenüber dem Brenner-Restaurant und als kleiner Concept-Store im Hotel Vier Jahreszeiten) liegt die Hauptboutique von Pool. Wer keine Lust hat, 450 Euro für einen Pullover auszugeben, der wartet auf das Saisonende. Dann landen viele der Designerteile von Pool in der Streetwear-Filiale Poplet mit dem angeschlossenen Outlet am Sendlinger Tor. Dort gibt es die Margiela Daunenjacke dann für schlappe 170 statt 580 Euro. Und wohlgemerkt: Die Ware unterscheidet sich nicht von den Stücken, die im Haupthaus über die Ladentheke gehen. Im Outlet gibt's neben der reduzierten Designerware auch Wohn- und Lifestyleprodukte. *Mo–Sa 11–19 Uhr | Kreuzstr. 14 | Tel. 089 23 70 29 14 | www.very poolish.com | U 1–3, 6 Sendlinger Tor | Zentrum*

PURE & SIMPLE [140 B5]

Die Lage im Glockenbachviertel bestimmt das Angebot dieser Secondhandboutique: Damenbekleidung von Designern wie Chloé, Vivienne Westwood oder Armani & Co, teilweise bis zu 70 Prozent billiger. Die Damen aus dem Stadtteil tragen gerne ihre Designerkleidung der letzten Saison ins Pure & Simple, daher auch das Hipstersortiment zu Secondhandpreisen. Empfehlenswert ist besonders die kleine Schuhabteilung auf der Galerie, wo auch Taschen, Geldbeutel und Sonnenbrillen auf neue Besitzerinnen warten. *Mo–Fr 11–19, Sa 11–16 Uhr | Müllerstr. 31 | Tel. 089 23 00 04 99 | www.puresimple.de | U 1–3, 6 Sendlinger Tor | Glockenbachviertel*

> Viel ausgehen, wenig ausgeben – funktioniert das im gut betuchten München? Aber ja doch!

Wenn die Sonne über München untergeht, müssen mit dem Mond nicht zwangsläufig auch die Kosten steigen. Das vibrierende Partyleben der bayerischen Hauptstadt ist günstiger als gedacht – trotz Schickeriaruf und hoher Promidichte. Nehmen wir nur beispielsweise die Rundfahrt mit dem Partybus Club and Line. Einmal mit DJ und ordentlich Rum(ms) durch die Stadt cruisen, kostet Sie gerade mal 3 Euro Fahrtkosten, auch wenn es Ihnen erst im Morgengrauen dämmern sollte, dass Sie ja eigentlich schon längst aussteigen wollten. Ein echtes Schnäppchen und ein ungewöhnlicher Nachtflug durch die Clubs, Discos, Bars und Kneipen der Isarmetropole.

Gewöhnt sind die Münchner dagegen an die Happy Hours, die zur festen Institution in vielen Bars geworden sind. Und wenn Sie außerdem darüber informiert sind, an welchem Tag Sie bei welchem Club vorbeischauen müssen, winken schon mal Gratiseintritte oder -drinks. Auch die attraktiven Afterworkangebote unter der Woche lohnen sich, denn mit einer Essensgrundlage vom Gratisbüfett feiert es sich gleich noch besser. Sie sehen schon, die Low-Budget-Auswahl an der Isar ist so groß wie die Nächte lang sind.

NACHT LEBEN

BARS

AMERICANOS CITY [133 E4]

Die Betreiber der Tex-Mex-Keller-bar zwischen Marienplatz und Isar-tor drehen vor allem unter der Woche schwungvoll an der Preisschraube. So lautet das Motto am Mittwoch: Kommt zu zweit, nur einer zahlt! Die Gäste können also bestellen, was sie wollen und erhalten das jeweilige Ge-tränk in zweifacher Ausführung. Am Donnerstag wirkt sich die Kosten-bremse kräftig auf die Cocktails aus, sie schlagen zwischen 20 und 22 Uhr mit gerade mal 3,99 Euro zu Buche. Studenten sollten an diesem Abend bis 0 Uhr erscheinen – dann sparen sie sich den Eintrittspreis von 3 Euro. *Mi/Do 20–3, Fr/Sa 20–5 Uhr | Hoch-brückenstr. 3 | Tel. 0172 882 84 97 |* *www.americanos.de | U 3, 6, S 1–4, 6–8 Marienplatz | Zentrum*

COHIBAR CITY [133 F3]

Kubanische Musik und klassische Cocktails – eine attraktive Mischung. Zwischen 20 und 22 Uhr ganz beson-ders, schließlich kosten dann die meisten Cocktails nur 5 Euro. Das goutieren auch viele Münchner und halten der Latinobar Cohibar City seit über 15 Jahren treu die Stange. Die Barkeeper sind meisterschaftserprobt und zeigen ihr Können mit allerlei zirkusreifen Kunststückchen. Im Laufe des Abends steigert sich die Stimmung meist auf südländisches Niveau, so dass die Pirouetten nicht mehr nur auf die Barmänner be-schränkt bleiben. *Di–Do 20–2, Fr/Sa*

Die Barkeeper in der Cohibar City wissen, was ihren Gästen schmeckt

20–4 Uhr | Herzog-Rudolf-Str. 2 | Tel. 089 22 88 02 89 | www.cohibar-city.com | U 4, 5 Lehel | Zentrum

COUCH CLUB [140 B5]

In der auf Gin spezialisierten, angenehm unprätentiösen Bar zaubern die „glücklichen Stunden" (19–21 Uhr und ab Mitternacht) ein erfreutes Lächeln auf die Gesichter. Denn die Barmänner sind Profis. Sie wissen genau, was sie tun. Und wenn sie ihren Dienst dann auch noch zum Sonderpreis von 5,90 Euro für den Drink verrichten, ist das eben erfreulich. *Di–Do 19–1, Fr/Sa 19–3 Uhr | Klenzestr. 89 | Tel. 089 12 55 57 78 | www.couch-club.org | U 1, 2 Fraunhoferstraße | Glockenbachviertel*

> ❯ *www.marcopolo.de/muenchen*

LISBOA BAR [141 E5]

Wer Urlaubserinnerungen mit portugiesischem Wein auffrischen möchte, sollte montags oder dienstags diese Bar aufsuchen. Die Gäste zahlen einmal 5,90 Euro pro Person und bedienen sich dann an den Weinfässern, so oft sie wollen. Ob weiß oder rot, entscheidet der persönliche Geschmack. Wer mehr auf Cocktails abfährt, ist bis 20 Uhr (So/Mo die ganze Nacht!) mit einem Einheitspreis von 5,50 Euro bestens bedient. Zur Grundlage und damit zur Festigung des Sitzfleisches empfiehlt sich ein *bacalhau* (Stockfisch) oder *bitoque* (Rinderlende) mit Pommes und Spiegelei. *Tgl. Mo–Sa 17–1, So 10–1 Uhr | Breisacher Str. 22 | Tel. 089 448 22 74 | www.lissabon-bar.de | U 5, S 1–4, 6–8 Ostbahnhof | Haidhausen*

THE MARTINI CLUB [139 F2]

Gîmme five! Im kuschelig-düsteren Martini Club ist montags der „Fünfer" noch so richtig was wert. Ob normale Cocktails oder Salate – mit jeweils 5 Euro ist der Gast preisgünstig im Rennen. Am Dienstag kommen zu den normalen Cocktails die Club Sandwiches ins Spiel, beides kostet dann *all night long* nur 666 Cent. Mittwochs ist „Ladies Night" angesagt, dann gibt's 🐷 die Apple Martinis und die Cosmopolitans für die Damenwelt zwischen 19 und 21 Uhr sogar umsonst. Diese zwei Stunden sollten alle auch an Freitagen und Samstagen im Auge behalten, denn zu dieser Zeit kosten die Cocktails nur die Hälfte. *Mo–Do 19–1, Fr/Sa 19–3 Uhr | Theresienstr. 93 | Tel. 089 52 01 29 24 | www.the-martini-club.de | U 2 Theresienstraße | Maxvorstadt*

PADRES [132 C5]

Die schlauchartige Bar am Altstadtring hat die Zwanzigerschallmauer bereits durchbrochen, ist also ein Paradebeispiel für einen erfolgreichen Dauerbrenner. Einer der Gründe neben der hohen Qualität der Cocktails ist sicherlich auch die tägliche Happy Hour zwischen 19 und 21 Uhr. Da kosten die normalen, dezent alkoholhaltigen Cocktails nur 5,50 Euro, bewegen sich also absolut im grünen Bereich. Apropos grüner Bereich: Im Padres laufen wichtige Fußballspiele, aber auch US-Sportevents wie der Superbowl auf Großbildleinwand und Flatscreen. *Mo–Do 19–3, Fr/Sa 19–4 Uhr | Blumenstr. 43 | Tel. 089 26 43 62 | www.padres.*

de | U 1–3, 6 Sendlinger Tor | Glockenbachviertel

REIZBAR [140 A1]

Keine Angst – in der Reizbar sind die Barkeeper nicht genervt. Im Gegenteil: Ganz gastfreundlich servieren sie zur Happy Hour von 19 bis 21 Uhr alle Cocktails für nur 5,50 Euro. In eine ausgeglichene Stimmung versetzt auch das Ambiente der warm ausgeleuchteten, L-förmigen Kellerbar. So kann man entspannt die umfangreiche Getränkekarte studieren, die rund 400 Posten umfasst. Genaues Hinsehen lohnt sich auf jeden Fall – die teils exotischen Drinks sind kreativ und fein austariert. Bevor die Qual der Wahl unerträglich wird, kann man übrigens jederzeit das kompetente und charmante Barteam um Rat fragen. *Mo–Do 19–2, Fr/Sa 19–3 Uhr | Agnesstr. 54 | Tel. 089 18 95 65 51 | www.reizbar.com | U 2 Josephsplatz | Schwabing*

CLUBS

089 BAR [132 C2]

Das relaxte Münchner Szenewohnzimmer erinnert vor allem in den Sommermonaten mittwochs schwer an die heimische Terrasse. Warum? Weil jeder (zumindest bis Mitternacht) umsonst reinkommt und sich gleich mal einen leckeren Burger grillen lassen kann – ganz wie daheim mit den Freunden. An Donnerstagen bekommt man mit der 089 Bar und dem benachbarten Pacha gleich zwei Clubs für einmal Eintritt geboten. Zur Afterworkparty lohnt sich das frühe Erscheinen ab 19 Uhr im Pacha, denn für die ersten 200 Gäste gibt's neben dem Welcomedrink auch ein Start-up-Büfett. Ab 21 Uhr ist dann auch die 089 Bar startklar zum Entern. *Di–Sa ab 21 Uhr | Maximiliansplatz 5 | Tel. 089 55 07 77 66 | www.089-bar.de | U 4, 5, S 1–4, 6–8 Karlsplatz | Zentrum*

8 BELOW [140 A3]

Der „Heimatabend" jeden Dienstag, das Eldorado für Freunde der deutschsprachigen Musik, ist der Abend mit dem größten Sparpotenzial in diesem Club. Das Preiskonzept ist ausgefeilt und bewährt: In der ersten Stunde nach Öffnung, also von 21 bis 22 Uhr, kostet jedes Getränk nur 1 Euro, sogar Longdrinks und Cocktails. Zu jeder vollen Stunde schlägt der Barkeeper 1 Euro drauf, bevor ab 1 Uhr morgens wieder ein Preisverfall in 1-Euro-Schritten einsetzt. Noch ein Tipp: Wer sich schon wie ein halber Bayer fühlt und daher zum begeisterten Trachtenträger mutiert ist, Insider Tipp kommt in Lederhosen oder Dirndl vergünstigt (5 statt 8 Euro) in den lässig-trashig dekorierten Kellerclub. Auch donnerstags lohnt sich der Abstieg in die Tiefe, denn an diesem Abend gibt's regelmäßig Livekonzerte für gerade mal 3 Euro Eintritt. *Di ab 21, Do ab 20.30, Fr, Sa 22–6 Uhr | Schützenstr. 8 | Tel. 089 40 26 85 71 | www.8below.de | U 1, 2, 4, 5, S 1–4, 6–8 Hauptbahnhof | Zentrum*

BACKSTAGE [138 C3] Insider Tipp

Das alternative Kultur- und Veranstaltungszentrum an der Friedenheimer Brücke mag etwas improvisiert erscheinen, doch die Preise und die Gäste sind ehrlich und bodenständig. Wo ist sonst im Sommer schon die Maß Bier für unschlagbare 5,50 Euro (bis 19 Uhr sogar für 4,80 Euro) zu haben? Und Gratisunterhaltung gibt es obendrein: So können die Gäste im Nachtbiergarten umsonst Fußballspiele schauen oder selbst grillen. Das Grillgut kann vor Ort gekauft oder mitgebracht werden. Wer

CLEVER!

› Afterwork ist auch im Urlaub lohnend

Afterworkpartys sind in München ein richtiger Dauerbrenner. Und selbst wenn Sie gerade im Urlaub sind und die tägliche Fron in weiter Ferne liegt, so lohnt es sich doch, in den entsprechenden Locations vorbeizuschauen – die Gedanken an die eigene Arbeit können Sie im entspannten Ambiente prima verdrängen. Schließlich weiß ja keiner, dass Sie gerade Freizeit haben. Ob's wohl am Gratisbüfett liegt, das im Eintritt von 7 Euro enthalten ist,

wenn's die Münchner nach der Arbeit partout nicht nach Hause zieht? Wer früh erscheint, hat ausreichend Gelegenheit, zu schlemmen. „Afterworken" kann man dienstags ab 18 Uhr im Lazy Moon im Filmcasino (*Odeonsplatz 8 | Tel. 089 22 08 18 | www.lazy-moon. de*) und donnerstags ab 19 Uhr im Pacha (*Maximiliansplatz 5 | Tel. 089 309 05 08 50 | www.pacha-muenchen.de*) sowie in der nebenan gelegenen 089 Bar (*S. 88*).

vorher reserviert, kann für 70 Euro das Grillpack mit Sitzplätzen am Biertisch, 14 Bratwürsten oder vier Nackensteaks, einem Kilogramm Kartoffelsalat, zehn Brezn und zehn Maß Bier buchen. Aber auch sonst haben die Macher ein paar attraktive Spar-angebote in petto:  Bei Rockers am Donnerstag ist der Eintritt frei, der Jägermeister kostet nur 1 Euro. Bei 1 Euro fällt auch der Startschuss auf der Getränkekarte zur samstäglichen Popparty. Und zur Jamaican Ting-Party am Freitag gibt's karibisch angehauchte Longdrinks für 4,80 Euro. *Mo–Fr ab 17, Sa/So ab 15 Uhr, Konzerte und Specials ab 20 Uhr | Reitknechtstr. 6 | Tel. 089 126 61 00 | www.backstage. eu | S 1–4, 6, 8 Hirschgarten | Neuhausen*

GECKO [132 C2]

Kein Gag! Die Gecko-Betreiber lassen jeden Mittwoch die 90er-Jahre wieder aufleben, auch preislich. Zwischen 21 und 23 Uhr kosten Bier, Jägermeister und Sambuca nur 1 Euro und die Red-Bull-freien Longdrinks nur 3,50 Euro. Außerdem sind bis 22 Uhr nur 3 Euro statt 5 Euro Eintritt fällig. Sonst wird aber auch niemand wirklich verarmen, denn die Getränkepreise im weitläufigen und ansprechend designten Gecko Club sind human, sie beginnen am Wochenende bereits bei 1,50 Euro. Das Glas Prosecco wandert beispielsweise schon für 3 Euro über den Tresen. Für prima Stimmung und Partysound sorgen die auf Hits gepolten DJs. Freitags und samstags lohnt sich ein früher Besuch, da bis 23.30 Uhr der Eintritt nur 5 statt der regulären 8 Euro kostet. *Mi ab 21, Fr/Sa ab 22 Uhr | Maximiliansplatz 5 | Tel. 089 59 99 89 99 | www. gecko-club.com | U 4, 5, S 1–4, 6–8 Karlsplatz | Zentrum*

JACK RABBIT [132 B4]

Sparfüchse sollten keine Hasenfüße sein, sondern ruhig das Jack Rabbit aufsuchen – vor allem, wenn sie Geburtstag haben.  Das Birthday-Special beinhaltet freien Eintritt und eine Flasche Prosecco als Geschenk für das Geburtstagskind (Nachweis mittels Personalausweis) und zwei weitere Begleitpersonen. Wenn man 99 Euro investiert, haben gleich 5 Personen freien Eintritt und das Personal serviert zusätzlich eine Flasche Wodka mit sechs Beigetränken am reservierten Stehtisch. Aber auch sonst sind die Getränkepreise im Jack Rabbit recht human, sie bewegen sich zwischen 3 und 8,50 Euro. *Fr/Sa 23–6 Uhr | Schwanthalerstr. 2 | Tel. 0152 24 62 94 28 | www.jack-rabbit. me | U 4, 5, S 1–4, 6–8 Karlsplatz | Zentrum*

MILCHBAR   [132 B4]

Wie steigert man die Frauenquote in den Clubs? Indem man bzw. Mann den Damen etwas spendiert. Das sagen sich auch die (durchweg männlichen) Milchbarbetreiber und die DJs der  Mädchenhouse-Nacht am Mittwoch und spielen nicht nur Sound, der direkt über das Herz in die Beine geht, sondern lassen auch was springen. Konkret geht es um eine Flasche Champagner. Dazu müssen die Mädels aber zu sechst und vor Mitternacht erscheinen. Sind diese Voraussetzungen erfüllt, steht einem prickelnden Start in eine lange Nacht

In München feiern nur Millionäre? Ganz und gar nicht, viele Partys sind erstaunlich günstig

nichts mehr im Wege. Aber auch kleinere Frauengruppen sparen sich am Mittwoch bis 0 Uhr den Eintritt. Damit noch nicht genug: Auch an anderen Tagen gibt's Vergünstigungen in der Milchbar. Am Dienstag zahlen Studenten bis 0 Uhr nur 3 Euro Eintritt und zwischen 22 und 0.30 Uhr zahlt man sein Wunschgetränk einmal, erhält es aber in zweifacher Ausfertigung. An den Donnerstagen fängt der frühe Partyvogel den energiegeladenen Wodkawurm. In den ersten eineinhalb Stunden gibt's nämlich einen Wodka Bull aufs Haus. *Mo–Do ab 22, Fr/Sa ab 23 Uhr | Sonnenstr.*

Nächtliche Beats im Zeichen des Tagesgestirns: Undergroundclub Rote Sonne

27 | Tel. 089 45 02 88 18 | www. milchundbar.de | U 1–3, 6 Sendlinger Tor | Zentrum

MUFFATWERK [141 D5]

Das Ampere, der schönste, weil farbenfrohste Club im Muffatwerk-Ensemble an der rauschenden Isar, bietet diversen Fremdveranstaltern eine regelmäßige Heimat – und den Besuchern mitunter Rabatte. Frühstarter, die zwischen 22 Uhr und Mitternacht zur Party „Gute Laune hoch 10" kommen, zahlen nur 5 Euro Eintritt. Danach sind 10 Euro fällig, 🐷 Geburtstagskinder des Monats dürfen umsonst rein. Die Profi-Gute-Laune-Verbreiter garantieren jeden ersten Samstag im Monat mit Hilfe von zehn verschiedenen Local-Hero-DJs allerbeste Stimmung bis hinauf auf die Galerie. Auch im gemütlichen Café der Muffathalle lockt eine Clubnacht mit einem Bonus für Ausgeschlafene. So zahlt man vor Mitternacht bei „Halli Galli Drecksound" (jeden 4. Samstag im Monat) nur 5 Euro an der Kasse statt der regulären 8 Euro. Freudig beschwingt von den niedrigen Preisen lässt sich dann schnell die von roten Säulen eingerahmte Tanzfläche erobern. *1. und 4. Sa ab 22 Uhr | Zellstr.*

4 | Tel. 089 45 87 50 10 | www.ampere-muffatwerk.de, www.gutelaune muenchen.de, www.halligalli-dreck sound.de | Tram 16 Deutsches Museum, S 1–4, 6–8 Isartor | Haidhausen

NACHTGALERIE [138 C3]

Mit Getränkepreisen wie zu Zeiten von „Dirty Dancing" lockt die Nachtgalerie. Altmodische Preise und aktuelle Hits – eine absolut studententaugliche Kombination. Schon für 50 Cent gibt's Softdrinks und Kurze, die Flasche Beck's kostet gerade mal das Doppelte und Longdrinks für schlappe 2,50 Euro verursachen auch keine Sorgenfalten. Dafür liegt der Eintritt bei glatten 10 Euro bzw. mit Studentenausweis bei ebenfalls ganz erträglichen 8 Euro. *Fr/Sa 22.30–5 Uhr | Landsberger Str. 185 | Tel. 089 32 45 55 95 | www.nachtgalerie.de | S 1–4, 6–8 Donnersberger Brücke, Tram 18, 19 Am Lokschuppen | Westend*

ROTE SONNE [132 C2]

Auch im Undergroundclub Rote Sonne gilt an vielen Abenden das Sprichwort: Der frühe Vogel fängt den Wurm. Wer also vor der Geisterstunde erscheint, muss den Geldbeutel um 2

oder 3 Euro weniger erleichtern. Soundtechnisch könnte der Kontrast zu den eher kommerziellen Nachbarn 089 Bar und Gecko kaum größer sein, im schlauchartigen Kellerclub empfangen Beats und elektronische Klangstrukturen den Gast. *Do–Sa ab 23 Uhr | Maximiliansplatz 5 | Tel. 089 55 26 33 30 | www.rote-sonne.com | U 4, 5, S 1–4, 6–8 Karlsplatz | Zentrum*

 RUBY [132 B3]

Knapp fünf Jahre rockt das Rubyteam nun schon im früheren Karlstorkino. „Pay one drink two" heißt das Konzept für den Freitagabend. Das heißt übersetzt: Jedes bestellte Getränk kommt in zweifacher Ausführung auf die Theke, muss aber nur einmal gezahlt werden. Das gilt vom Jägermeister bis zum Wodka Bull, vom Pils bis zum Prosecco, die ganze Nacht lang. Wer am Samstag profitieren möchte, sollte die Flaschensonderpreise für Wodka, Rum und Champagner bis Mitternacht ausnutzen. *Mo ab 21, Fr/Sa ab 23 Uhr | Neuhauser Str. 47 | Tel. 0172 488 44 33 | www.ruby-dance-club.de | U 4, 5, S 1–4, 6–8 Karlsplatz | Zentrum*

CLEVER!

> Sparen mit dem Nightpass der Nachtagenten

Die Münchner Nachtagenten haben sich etwas für das Partyvolk einfallen lassen und mit dem Nightpass eine Art Discokarte mit eingebautem Preisvorteil etabliert. Mit dabei sind der Crowns Club, das Harry Klein, die Milchbar, der Neuraum, die Nachtgalerie, das Pacha, das Palais und schließlich der Tor Club. Drei verschiedene Karten stehen zur Auswahl, die Varianten heißen Basic, Deluxe und Premium. Der Basic-nightpass kostet 12 Euro im Jahr und bringt immerhin eine Ersparnis von 2 Euro Eintritt pro Clubbesuch. Bei der Deluxeversion sind 5 Euro pro Monat fällig, dafür spart man aber auch den halben Eintrittspreis. Wer statt seiner Geldbörse von vornherein nur noch den Nightpass zücken möchte, wählt die Premiumedition für 22 Euro im Monat und hat stets freien Eintritt in allen teilnehmenden Clubs – außer in der Silvesternacht. *www.nightpass.de*

NACHTLEBEN

TOR CLUB [132 B4]

Der Tor Club im früheren 8seasons beweist ein Herz für Geburtstagskinder und offeriert ihnen einige attraktive Packages. In der kleinsten Variante für 80 Euro sind der Eintritt für zehn Gäste sowie eine Flasche Prosecco und eine Halbliterflasche Wodka plus fünf Beigetränke enthalten. Das nächst größere Package steigert sich für 150 Euro auf eine Flasche Champagner und 1 Liter Wodka. Aber auch ohne Geburtstag kann man im Tor Club sparen. Wenn man eine Rechnung vom selben Tag aus dem benachbarten Burgerrestaurant Hans im Glück vorzeigt, kommt man umsonst rein. *Fr/Sa ab 22 Uhr | Sonnenstr. 24–26 | Tel. 0151 21 52 43 66 | www.tor-club.de | U 1–3, 6 Sendlinger Tor | Zentrum*

KNEIPEN

BARER 47 [140 B2]

Das gastronomische Barer-Universum der Berisha-Brüder besteht aus drei Fixsternen, die die Hausnummern 47, 61 und 80 tragen und sich auch preislich im unteren Zahlenbereich bewegen. Während die höheren Hausnummern eher in die Kategorie Tagescafé fallen, wendet sich das Barer 47 bis spätnachts ans feierfreudige Studentenvolk. Die Getränkepreise sind dem oftmals knappen Budget der Stammgäste angepasst.

Die Flasche Rot- oder Weißwein wird bereits für 14,50 Euro entkorkt, normale Softdrinks liegen bei 2,50 Euro und das Bier schmeckt für 3,20 Euro. Täglich zwischen 18 und 20 Uhr gilt das Afterworkspecial: Weinschorle und Spritz für 3,90 Euro, Bier für 2,80 Euro. *Mo–Do 18–1, Fr/Sa 18–3 Uhr | Barerstr. 47 | Tel. 089 21 89 74 78 | www.barer47.de | Tram 27, 28 Schellingstraße | Maxvorstadt*

BARSCHWEIN [136 C4]

Eigentlich ist das Barschwein eher ein Sparschwein, bei solchen Preisen: Coca Cola und Mini-Pils (0,2 l) für 1 Euro, Prosecco (0,1 l) für 2,50 Euro oder Flaschenweine, für die nur 12 Euro fällig werden – hier kann man wahrlich nicht von Wucher sprechen. Studenten, die von der elterlichen Finanzpipeline abgehängt wurden, machen dementsprechend auch das Gros des Publikums aus. An Spieltagen sorgen die Freunde des runden Leders zusätzlich für Stimmung. Und montags trällern die Karaokefans. *Tgl. ab 18 Uhr (Juli–Sept. ab 19 Uhr, an Sa*

mit Fußball ab 15.15 Uhr) | Franzstr. 3 | Tel. 0172 831 19 39 | www.bar schwein.de | U 3, 6 Münchner Freiheit | Schwabing

CAFÉ KOSMOS [139 F3]

Lange Jahre waren die Straßenzüge unmittelbar nördlich des Hauptbahnhofs *terra incognita* für die Münchner Szene, spätestens mit dem Café Kosmos hat sich das aber geändert. Der Clou sind die in München fast unbekannten „Berliner Preise": 22 Euro für drei Gin Tonic und eine Cola. Da fragt man sicherheitshalber noch mal nach beim Barmann, ob man sich nicht verhört hat. Es stimmt aber. Tipp: früh kommen oder reservieren, um noch den Wohnzimmer-Fensterplatz im ersten Stock zu ergattern! *Mo–Do 12–1, Fr 12–3, Sa 14–3, So 14–1 Uhr | Dachauer Str. 7 | Tel. 089 55 29 58 67 | www.cafe-kosmos.de | U 1, 2, 4, 5, S 1–4, 6–8 Hauptbahnhof | Zentrum*

HOT SHOT [136 C4]

Der Preis ist heiß! Im Hot Shot sind nicht nur die Öffnungszeiten großstadttauglich, auch die Lebenshaltungskosten werden nicht über Gebühr in die Höhe getrieben. Alkoholfreie Getränke fangen schon bei 2,40 Euro an, für 0,2 Liter Wein sind 3,80 bis 5,80 Euro einzukalkulieren und Cocktails werden ab 5,90 Euro gerührt und geschüttelt. Wer nicht nur Flüssignahrung mag, sollte sich an die Spezialitäten des Hauses halten, Schnitzel und Burger. Das riesige Schnitzel Wiener Art mit Steakhouse Fries oder Kartoffelsalat ist gut und mit 8,90 Euro auch noch günstig. Bei den Burgern bewegen sich die Preise zwischen 6,90 Euro und 13,90 Euro für die Variante mit Wagyu-Rind – Pommes und eine spezielle Burgersauce inklusive. Die ==Küche ist von Donnerstag bis Samstag bis 3.30 Uhr geöffnet==, das Hot Shot ist also ein heißer Tipp für hungrige Nachteulen. *Tgl. 17–5 Uhr | Herzogstr. 29 | Tel. 089 71 67 40 63 | www.hot-shot-schwabing.de | U 3, 6 Münchner Freiheit | Schwabing*

MORO [140 B5]

In der besonders unter Schwulen beliebten Wirtshausbar ist das Afterworkbier schon seit Jahren sehr beliebt. Zwischen 17 und 19 Uhr gibt's die Halbe Helles für erschwingliche 2,90 Euro. Wer eher Cocktails bevorzugt, kann die Mixturen am Mittwoch die ganze Nacht lang für 6,50 Euro bekommen. An den anderen Tagen gilt dieser Preis nur zur Happy Hour von 18 bis 20 Uhr und zwischen 22 und 0.45 Uhr. *Tgl. 11–1 Uhr | Müllerstr. 30 | Tel. 089 23 00 29 92 | www.moro-munich.de | U 1, 2 Fraunhoferstraße | Glockenbachviertel*

TUMULT [140 B2]

Die Musikkneipe im Univiertel hat nicht nur für Rock'n'Roller, Skafans und Punkrocker den richtigen Sound zu bieten, auch Freunde von Bier und Jägermeister werden zumindest am Anfang der Woche zu glücklichen Gästen gemacht. Montags fließt das Weißbier für 2 Euro aus der Flasche, dienstags wird der heilige St. Pauli-Gerstensaft Astra schon für 2 Euro ausgeschenkt und am Mittwoch zapfen die Barkeeper das leckerer Tegernseer Helle bis 21.30 Uhr für günstige 2 Euro. *Mo–Sa ab 20 (Okt.–April), sonst ab 21 Uhr | Blütenstr. 4 | Tel. 089 27 37 24 63 | www.tumult-in-muenchen.de | U 3, 6 Universität | Maxvorstadt*

CLEVER!

> Mit dem rollenden Club zur Party

Eine stimmungsvolle Anfahrt, keine Partypausen, ein Freigetränk nach Wahl, freier Eintritt in zwei Clubs – und das Ganze für 10 bzw. 15 Euro. Das ist in jedem Fall kein schlechter Deal und gehört zum guten Ton im Partybus Club and Line, der freitags, samstags und vor Feiertagen verkehrt. Der mit Bar und DJ-Pult ordentlich frisierte ehemalige Linienbus klappert laut wummernd die wichtigsten Partyhochburgen der Stadt ab. Wer aussteigen will, kann das an einer der gut 20 Haltestellen tun. Oder man bleibt einfach die ganze Nacht an Bord! Das reguläre innerstädtische Rundfahrtticket kostet gerade mal 4 Euro. Bei der 10-Euro-Karte für die Innenstadt – nur wer im Umland in den Partybus steigt und mit dem groovenden Gefährt in die Stadt fährt, zahlt 15 Euro – stellt sich eigentlich nur die Frage, welche zwei Locations bei freiem Eintritt unsicher gemacht werden sollen. Zur Auswahl stehen über 30 Clubs wie Americanos *(S. 85)*, Milchbar *(S. 91)* oder Gecko *(S. 90)*, das Angebot variiert von Zeit zu Zeit. Weitere Infos gibt's unter: *www.club-and-line.de*

> Selbst Münchens Luxushotels bieten spannende Sparpreise – vergleichen lohnt sich also!

Eine gepflegte Nachtruhe unter 5 Euro? In München? Doch, das geht – die nachfolgenden Tipps beweisen es! Vom Campingplatz bis zum Hostel, vom Hotel bis zum Luxustempel, ein (günstiges) Bett findet sich immer in der Stadt. Kontaktieren Sie am besten die empfohlenen Hotels selbst und verlassen Sie sich nicht auf Buchungsserviceangebote im Internet – wenn Sie direkt online buchen, können Sie oft sogar noch einen Extrarabatt rausschlagen. Sehr hilfreich sind hier auch die Apps der einzelnen Hotels. Eine zusätzliche Infoquelle sind die hoteleigenen Newsletter, die schnell über spezielle Angebote un-

terrichten. Bei vielen Häusern lassen sich so manchmal bis zu 40 Prozent sparen, wie man an den Tipps für die Nobelherbergen in diesem Reiseführer sieht. Aber auch in schnuckligen kleinen Hotels, in Hostels oder den Münchner Jugendherbergen finden sich prima Nachtlager, bei denen Sie trotz niedriger Übernachtungspreise auf Komfort und Flair nicht verzichten müssen. Eins sollten Sie aber unbedingt beachten: Zu Messezeiten oder zum Oktoberfest machen die Tarife einen kräftigen Sprung nach oben, selbst bei den Hostels. Alle Angaben sind, wenn nicht gesondert aufgeführt, Zimmerpreise.

SCHLAFEN

HOTELS

A&O CITY HOTEL [139 F4]

Das 2-Sterne-Haus liegt im Hauptbahnhofviertel, wo fast rund um die Uhr was los ist. Die sauberen, schlichten Zimmer verfügen über ein eigenes Bad samt Dusche und WC. Fürs Frühstücksbüfett sind 6 Euro extra fällig. Wer mit Hund auf Reisen geht, der checkt ihn für 5 Euro pro Nacht mit ein. Achtung: Bei den Mehrbettzimmern ist für die Bettwäsche ein Obolus von 3 Euro zu entrichten. Extra-Spartipp: Facebookfreunde bekommen 5 Prozent Sonderrabatt, ADAC-Mitglieder 12 Prozent. Buchung auch über die eigene App möglich. Ein weiteres A&O Hotel & Hostel findet man auch in Laim *(Landsberger Str. 338, Tel. 030 809 47 51 10). EZ ab 40 Euro, DZ ab 50 Euro, Familienzimmer ab 80 Euro, Zimmer inkl. Bettwäsche | 150 Betten | Bayerstr. 75 | Tel. 089 45 23 57 57 01 | www.aohostels.com | U 1, 2, 4, 5, S 1–4, 6–8 Hauptbahnhof | Ludwigsvorstadt*

ALTMÜNCHEN [144 C1]

Urig und bayerisch präsentiert sich das kleine Haus nahe dem Mariahilfplatz. Traumhaft schläft man hier in Daunenbetten und frühstückt im angeschlossenen Wirtshaus Zum Auer Mühlbach. Nur wenige Gehminuten entfernt: Deutsches Museum, Salvatorkeller (Starkbierfest und Biergarten), Müller'sches Volksbad und Gasteig. Und Fans der Münchner Auer Dulten müssen nur kurz über

die Straße gehen und befinden sich schon im größten Trödlerparadies. 🐷 Kids bis 12 Jahre können kostenfrei bei den Eltern im Bett mitschlafen.

Tipp: Frühstück to go für 4,80 Euro. *EZ ab 48 Euro, DZ ab 58 Euro, Frühstück 12 Euro | 56 Betten | Mariahilfplatz 4 | Tel. 089 45 84 40 | www. golden-leaf-hotel.de | Bus 152 Schweigerstraße | Au*

B&B HOTEL MÜNCHEN NORD   [137 E1]

Auch wenn die Lage am Frankfurter Ring nicht sehr prickelnd ist: Man will ja nur ein vernünftiges Bett für die Nacht. Und das bietet die klassische Budget-Hotelkette ihren Gästen. 🐷 SKY-TV ist gratis, Familien sollten sich nach speziellen Angeboten erkundigen. Denn bereits ab 82 Euro können zwei Erwachsene samt zwei Kids hier einchecken. Ein weiterer Sparfaktor: 🐷 Parken for free. Die eigene B&B Club Card lockt nicht nur mit 10 Prozent Übernachtungsrabatt, sondern auch mit weiteren Ersparnissen. Die B&B App gibt es für iPhone und Android. Darüber lassen sich auch spielend Zimmer in den anderen Münchner B&B Hotels – München City West und München Messe – buchen. *EZ ab 54 Euro, DZ ab 64 Euro, Frühstück 7,50 Euro | 300 Betten | Frankfurter Ring 243 | Tel. 089 306 58 90 | www.hotelbb.de | U 6 Studentenstadt | Schwabing-Freimann*

BLAUER BOCK   [133 D5]

Der Preis in dieser Lage ist fast unschlagbar. Denn das historische Gebäude, urkundlich erstmals 1572 erwähnt, residiert nur 50 Meter vom Viktualienmarkt entfernt mitten im Zentrum. Ob 1970er-Jahre- oder Südtirol-Look, die Zimmer und das gesamte Hotel besitzen einen ganz besonderen Charme, den man ebenso schätzen lernt wie den guten Service.

Ein Blick auf die Sonderpreise lohnt. Denn ob Anreise am Sonntag oder Frühbucher mit Banküberweisung, beides entlastet die Urlaubskasse. Achtung! Gezahlt wird hier nur mit EC-Karte, American Express oder cash. Dank des fairen Innenstadtpreises bleibt genug übrig, um einen Abstecher ins angeschlossene Restaurant von Witzigmannschüler Hans Jörg Bachmeier zu machen. *EZ ab 47 Euro, DZ 70 Euro, Juniorsuite ab 245 Euro | 110 Betten | Sebastiansplatz 9 | Tel. 089 23 17 80 | www.hotelblauerbock.de | U 3, 6, S 1–4, 6–8 Marienplatz | Altstadt*

COCOON SENDLINGER TOR [140 A5]

Wer hier nächtigt, erlebt eine Zeitreise in die 1970er-Jahre. Großzügig geschwungene Formen, bequeme Betten, warme Holztöne und bunte Farbkleckse vermitteln eine Atmosphäre der Geborgenheit. Dazu gibt's Luxus wie Raindancedusche, Cabins für Laptop und Docking Station, WLAN, Flatscreen und DVD-Player. Frühstückswintergarten und Sonnenterrasse sind zudem zwei echte Oasen

der Entspannung. *Best-Price-Garantie, sprich fünf Prozent Nachlass bei direkter Onlinebuchung. EZ ab 69 Euro, DZ ab 99 Euro, Frühstücksbüfett 9 Euro | 92 Betten | Lindwurmstr. 35 | Tel. 089 59 99 39 07 | www.hotelcocoon.de | U 1–3, 6, 7 Sendlinger Tor | Ludwigsvorstadt*

COCOON STACHUS [140 A4]

Das bunte und farbenfrohe Seventieskonzept erwies sich als so er-

folgreich, dass ein zweites Cocoon die Münchner Hotellandschaft bereichert. Nicht mehr als einen Steinwurf entfernt vom Hauptbahnhof lässt es sich nun auch entspannt im spacigen Ball-Chair chillen und in traumhaften Betten zu kleinen Preisen nächtigen. *Best-Price-Garantie, sprich 5 Prozent Nachlass bei direkter Onlinebuchung. EZ ab 69 Euro, DZ ab 99 Euro, Frühstücksbüfett 9 Euro | 128 Betten | Adolf-Kolping-Str. 11 | Tel. 089 59 99 39 02 | www.hotel-cocoon.de | U 1, 2, 4, 5, S 1–4, 6–8 Hauptbahnhof | Ludwigsvorstadt*

ECONTEL HOTEL

Etwas vor den Toren der Altstadt gelegen – mit der S-Bahn 20 Minuten bis zum Marienplatz – finden Sie 3-Sterne-Superior-Komfortzimmer mit reichlich Platz. Für Familien gibt's Themenzimmer mit Spiel- und Malsachen. 🐷 Kostenfrei: Kaffee- und Teestation in der Lobby. Eine Tiefgarage ist ebenfalls vorhanden. *EZ ab 77 Euro, DZ ab 77 Euro, Frühstücksbüfett 9 Euro | 160 Betten | Bodenseestr. 227 | Tel. 089 87 18 90 | www.econtel.de | S 8 Neuaubing | Neuaubing*

GOLDEN LEAF PARKHOTEL [140 C3]

Buche, Kiefer und warme Farben bestimmen die Optik in den Zimmern des Budgethotels. Unbedingt nach den Komfortzimmern mit Dachterrasse fragen: Der Ausblick verschafft zusätzlich Entspannung. Dank der zentralen und ruhigen Lage sind es nur ein paar Schritte zum Haus der Kunst, dem Englischen Garten oder zum Hofgarten samt Residenz. Autofahrer aufgepasst: Eine Duplexgarage ist vorhanden, kostet aber 10 Euro pro Nacht. *EZ ab 58 Euro, DZ ab 68 Euro, Frühstück 12 Euro | 108 Betten | Unsöldstr. 10 | Tel. 089 21 10 50 | www.golden-leaf-hotel.de | U 4, 5 Lehel | Lehel*

Insider Tip

HOTEL AM SENDLINGER TOR [132 C5]

Von außen wirkt das Haus eher wie eine städtische Pension und nicht wie ein Cityhotel. Doch der Zimmerstandard, schlicht und modern, entspricht absolut den Vorstellungen von einem gepflegten 2-Sterne-Hotel. 🐷 Special: Mineralwasser for free.

Da das Glockenbachviertel und die Partymeile Sonnenstraße nur einen Steinwurf entfernt sind, findet sich immer ein Plätzchen für den letzten Absacker. Topspartipp: Wer mehr als sieben Nächte bleibt, bekommt <mark>eine Übernachtung geschenkt!</mark> *EZ ab 49 Euro, DZ ab 69 Euro, Mehrbettzimmer ab 89 Euro, Frühstück 11 Euro | 80 Betten | Oberanger 47 | Tel. 089 23 07 69 73 | www.cityhotel-munich.de | U 1–3, 6, 7 Sendlinger Tor | Zentrum*

HOTEL BRECHERSPITZE [145 D2]

Das familiengeführte 2-Sterne-Haus liegt nur unweit des Salvatorkellers. Seinen besonderen Charme, wissen die Gäste seit über 60 Jahren zu schätzen. Ambiente und Inventar wurden über die Jahrzehnte hinweg immer wieder dem aktuellen Standard angepasst. Bei den Zimmern hat man die Wahl mit Bad/WC oder mit sanitären Bereichen auf dem Flur. *EZ ab 45 Euro, DZ ab 59 Euro, Dreibettzimmer ab 79 Euro | 48 Betten | St.-Martin Str. 38 | Tel. 089 692 82 86 | www.brecherspitze.com | Tram 17 St.-Martins-Platz | Giesing*

HOTEL DAHEIM [139 F4]

34 Zimmer mitten im umtriebigen Hauptbahnhofviertel bietet dieses kleine 2-Sterne-Garni-Hotel. Trotzdem muss niemand um seine Bettruhe fürchten. Das Frühstück ist im Preis enthalten. *EZ ab 54 Euro, DZ ab 64 Euro | 100 Betten | Schillerstr. 20 | Tel. 089 59 42 49 | www.hotel-daheim-muenchen.de | U 1, 2, 4, 5, S 1–4, 6–8 Hauptbahnhof | Ludwigsvorstadt*

HOTEL DEUTSCHES THEATER [140 A4]

Hier nächtigen sie quasi Tür an Tür mit Münchens bekanntester Musicalbühne. Da können sie getrost ihr Auto stehen lassen, denn auch sonst ist einiges geboten rund ums Hotel. Alle Zimmer präsentieren sich im schicken, gediegenen Laura-Ashley-Stil. *EZ ab 99 Euro, DZ ab 69 Euro, Dreibettzimmer ab 89 Euro, Suite ab 109 Euro, Frühstück 9 Euro | 56 Betten | Landwehrstr. 18 | Tel. 089 59 99 39 03 | www.hotel-deutsches-theater. com | U 1, 2, 4, 5, S 1–4, 6–8 Hauptbahnhof | Ludwigsvorstadt*

HOTEL DOLOMIT [139 F4]

Auch wenn das 2-Sterne-Garni-Haus im trubeligen Bahnhofsviertel liegt, kann man hier beruhigt einchecken. Denn die über fünf Stockwerke verteilten 91 Zimmer garantieren angenehme Bettruhe, egal, ob man sich für die Basic- oder Komfortvariante entschieden hat. 🐷 Kids bis 12 Jahre schlafen bei den Eltern umsonst mit.

Frühbucher können sich über 15 Prozent Nachlass freuen, so dass die Nacht schon für 45 Euro zu haben ist. Dank der zentralen Lage sparen sich Bahn- und Flugreisende zudem die Taxigebühr zum Hotel. *EZ ab 49 Euro, DZ ab 59 Euro | 180 Betten | Goethestr. 11 | Tel. 089 59 28 47 | www.hotel-dolomit.de | U 1, 2, 4, 5, S 1–4, 6–8 Hauptbahnhof | Ludwigsvorstadt*

HOTEL HERZOG [140 A5]

Egal für welche Zimmerklasse sie sich entscheiden, das mediterrane Ambiente zieht sich durchs ganze Haus, einschließlich Restaurant und Innenhof. Besonders letzterer ist an lauschigen Sommerabenden ein idyllischer Innenstadttreff. *EZ ab 56 Euro, DZ ab 75 Euro, Dreibettzimmer ab 119 Euro, Frühstück 9,90 Euro | 160 Betten | Häberlstr. 9 | Tel. 089 59 99 39 01 | www.hotel-herzog. de | U 3, 6 Goetheplatz | Isarvorstadt*

HOTEL MARIANDL [139 F4]

Das Haus selbst, erbaut um 1899, und seine stilvoll eingerichteten Räume sind ein echter Hingucker. Gleiches

CLEVER!

> Schlafen Sie doch einfach auf dem Sofa!

Heute eine Couch in Untersendling, morgen in Neuhausen und zum Abschluss noch eine Nacht auf dem Sofa im Glockenbachviertel. Und das Beste: drei Nächte für 0 Euro! Gut, fast für nichts: Die Anmeldegebühr fürs CouchSurfing – wegen der Verifizierung – beträgt knapp 19 Euro.

In München zählt die Couchsurfercommunity über 29 000 Mitglieder, sodass hier eigentlich immer ein Sofa für eine ruhige Nacht frei sein sollte. Und keine Angst vor dem großen Unbekannten: Durch ein System aus Referenzen, Verifizierung, Vouching und sogenannten CS Ambassadors wird sichergestellt, dass schwarze Schafe in der Non-Profit-Gastfreundschaft-Community so gut wie keine Chance haben. Darüber hinaus ist niemand verpflichtet, die anvisierte Couch auch tatsächlich zu nehmen. Daher beschnuppert man sich meistens erst mal bei einer Tasse Kaffee. *Anmeldung, Infos: www.couchsurfing.com*

trifft auch auf das Café im Erdgeschoss zu: Es ist Münchens ältestes Konzertcafé, in dem noch heute täglich live musiziert wird. Da das Haus schon einige Jahrzehnte auf dem Buckel hat, findet man hier sogar noch Zimmer mit Dusche und WC auf dem Gang. Über kleinere Unzulänglichkeiten sollte man locker hinwegschauen, da das Mariandl jenseits des Hotelmainstreams steht. *EZ ab 69 Euro, DZ ab 78 Euro | 52 Betten | Goethestr. 51 | Tel. 089 552 91 00 | www. mariandl.com | U 3, 6 Goetheplatz | Ludwigsvorstadt*

MEININGER HOTEL CITY CENTER [139 E3]

Zu Fuß sind es nur zehn Minuten bis zum Oktoberfest. Und auch sonst ist die Anbindung dank S-Bahn und Tram sehr gut. Wer auch des Bieres wegen nach München kommt, wohnt hier praktisch in Blickweite zur legendären Augustinerbrauerei, die mit ihrem Brauhaus samt Gaststätte gegenüber residiert. Die 95 (Einzel- bis Mehrbett-) Zimmer verteilen sich auf sechs Stockwerke. Service: eigene Tiefgarage (gegen Gebühr), Internetterminals, Gepäckraum und Schließfächer gratis, Waschmaschine und Trockner. Treffpunkte für einen Urlaubsplausch sind die Bar, die Gästeküche und der Games Room. *EZ ab 45 Euro, DZ ab 26 Euro/Person, Mehrbettzimmer ab 12 Euro/Person, Tipps:* ==All-you-can-eat-and-drink-Frühstücksbuffet für 5,50 Euro oder das Lunchpaket für 4,50 Euro== **Insider Tipp** *| 391 Betten | Landsberger Str. 20 | Tel. 089 420 95 60 53 | www.meininger-hotels.com | S 1–4, 6–8 Hackerbrücke | Schwanthalerhöhe*

MOTEL ONE

Ob Ost, West oder Sendlinger Tor, sämtliche Häuser der Motel-One-Kette sind superstylish, komfortabel, preiswert und vor allem sehr angesagt – es empfiehlt sich deshalb auf jeden Fall, rechtzeitig sein Zimmer zu buchen. Mittlerweile beheimatet München acht dieser Design-Spar-Hotels. Letzter Neuzugang: Olympiagate an der Schweren-Reiter-Straße. Unbedingt beachten: Hier wird nicht geraucht! 🐷 Kinder bis 12 Jahre übernachten im Zimmer der Eltern gratis, bis 6 Jahre gilt „kostenlos" auch fürs Frühstück. Das Haus am Sendlinger-Tor-Platz verfügt zudem über ein paar Zimmer mit Dachterrasse. Dank der perfekten Anbindung an die U 6 ist

selbst das Garchinger Motel One in null komma nix von der Innenstadt aus zu erreichen. Smartphonenutzer dürfte auch die Motel-One-App erfreuen, die eine gute Übersicht über freie Betten bietet und eine Direktbuchung ermöglicht. Das Frühstücksbuffet bieten alle Häuser für 9,50 Euro an. *City West: EZ ab 69 Euro, DZ ab 84 Euro | 190 Betten | Landsbergerstr. 79 | Tel. 089 5388 68 90 | S 1–4, 6–8 Donnersbergerbrücke | Westend* [139 D4]; *City Ost: EZ ab 69 Euro, DZ ab 84 Euro | 291 Betten | Orleansstr. 87 | Tel. 089 59 97 64 90 | U 5, S 1–4, 6–8 Ostbahnhof | Haidhausen* [141 E4]; *Sendlinger Tor: EZ ab 79 Euro, DZ ab 94 Euro | 482 Betten | Herzog-Wilhelm-Str. 28 | Tel. 089 51 77 72 50 | U 1–3, 6, 7 Sendlinger Tor | Altstadt* [132 B5]; *Deutsches Museum: EZ ab 69 Euro, DZ ab 84 Euro | 920 Betten | Rablstr. 2 | Tel. 089 44 45 55 80 | S 1–4, 6–8 Rosenheimerplatz | Haidhausen* [145 D1]; *City Süd: EZ ab 59 Euro, DZ ab 74 Euro | 500 Betten | Weißenseestr. 140 | Tel. 089 69 80 42 10 | U 1 Wettersteinplatz | Giesing* [144 C4]; *Garching: EZ ab 59 Euro, DZ ab 69 Euro | 336 Betten | Daimlerstr. 5a | Tel. 089 36 03 52 50 | U 6 Garching | Garching* [149 D2]; *www.motel-one.de*

SMART STAY STATION HOTEL [140 A3]
Ob Einzel-, Doppel- oder Mehrbettzimmer, dem Gast stehen die 2-Sterne-Basic-Klasse (Dusche und WC auf dem Gang) und 3-Sterne-Standard-Klasse (eigenes Bad mit Dusche und WC) zur Wahl. Das Ambiente der Zimmer ist schlicht und angenehm. Das reichhaltige Frühstücksbuffet gibt es für 6,50 Euro. Top-zentrale Lage: Um die

SCHLAFEN

Im Motel One am Sendlinger Tor spickt nicht nur die Frauenkirche über die Bettkante

Ecke starten sämtliche Busstadtführungen, zur Partymeile Sonnenstraße sind es ebenfalls nur wenige Meter und selbst das Kunstareal München ist zu Fuß locker zu erreichen. *EZ ab 44 Euro, DZ ab 65 Euro, Mehrbettzimmer ab 19,90 Euro | 55 Betten | Schützenstr. 7 | Tel. 089 552 52 10 | station.smart-stay.de | U 1, 2, 4, 5, S 1–4, 6–8 Hauptbahnhof | Altstadt*

JUGENDHERBERGEN & HOSTELS

A&O HOSTEL & HOTEL [139 E3]

Zwischen Donnersberger- und Hackerbrücke ist mit dem Arnulfpark nicht nur ein neues Stadtviertel entstanden, sondern auch Münchens größter Hostel- & Hotelkomplex. Schlafsacktouristen sparen im Mehrbettzimmer die Bettwäsche (3 Euro). Etwas mehr Komfort bieten die

2-Sterne-Zimmer in den Hoteletagen. Gute Plätze zum Erfahrungsaustausch sind nicht nur die große Dachterrasse oder Hausbar, sondern auch der hauseigene Waschsalon. An der 24-Stunden-Rezeption kann man ab 15 Uhr einchecken. Auch hier gilt ADAC-Rabatt. *EZ ab 40 Euro, DZ ab 60 Euro, Mehrbettzimmer mit DU/WC ab 12 Euro/Person, Zimmer inkl. Bettwäsche außer Mehrbett | 1000 Betten | Arnulfstr. 102 | Tel. 089 45 23 59 58 01 | www.aohostels.com | S 1–4, 6–8 Hackerbrücke | Neuhausen*

> Günstig: Wohnungsbörsen

Die Wohnungsbörsen Airbnb und Wimdu liefern echte Alternativen zu Hotelzimmern. Bei Airbnb lässt sich in 26 000 Städten und in über 192 Ländern vom Schloss bis zum schlichten Apartment alles buchen. Und mit der Smartphoneapp (iPhone/Android) können Sie Ihren Schlafplatz auch gleich reservieren *(ab 15 Euro | Tel. 040 609 46 44 44 | www.airbnb.com).* Rund 500 Einträge aus München finden sich in der Privatunterkunftsdatei Wimdu – vom Luxusloft in Lehel bis zu einem Zimmer im Grünen. *(ab 23 Euro | www.wimdu.de).*

JUGENDHERBERGE BURG SCHWANECK [148 C3]

Insider Tip

Abseits vom Großstadttrubel und vor den Toren Münchens gelegen sorgt dieses alte Gemäuer für große Augen bei allen Ankommenden: Zwischen den Bäumen am Isarhochufer steht eine richtige Burg. Wer hier übernachten will, muss Mitglied beim DJH sein, beim Deutschen Jugendherbergswerk *(Antrag unter www.djh.de).* Das Gebäude samt Rittersaal aus dem Jahr 1843 bietet gewohnt guten Jugendherbergskomfort. Frühstück ist im Preis inbegriffen. Achtung! Mitte Dezember bis Anfang Januar ist die Burg geschlossen. Die Schlafgelegenheiten reichen vom Einzel- bis zum Zehnerzimmer. *EZ ab 42 Euro, DZ ab 35 Euro/Person, Mehrbettzimmer ab 27 Euro/Person | 130 Betten | Burgweg 4–6 | Tel. 089 74 48 66 70 | www.pullach.jugendherberge.de | S 7 Pullach | Pullach*

JUGENDHERBERGE MÜNCHEN CITY [139 D2]

Im Herzen Neuhausens gelegen, lockt dieses Haus unter anderem mit besonderen Familienangeboten. Voraussetzung ist lediglich die Mitgliedschaft beim DJH *(den Antrag findet man im Internet unter www.djh.de).* 🐷 Kostenfreie Parkplätze sind ebenfalls vorhanden. Und das reichhaltige All-you-can-eat-Frühstücksbüfett ist selbstverständlich im Preis inbegriffen. *EZ ab 42 Euro, DZ ab 32,90 Euro, Mehrbettzimmer ab 24,90 Euro | 335 Betten | Wendl-Dietrich-Str. 20 | Tel. 089 20 24 44 90 | www.muenchen-city.jugendherberge.de | U 1 Rotkreuzplatz | Neuhausen*

JUGENDHERBERGE MÜNCHEN PARK [146 C3]

Flott und modern eingerichtet und mit gutem Service ausgerüstet haben sich die Jugendherbergen längst vom einfachen Bettenlager hin zum Jugendhotel entwickelt. In dem modernen Haus nahe der Isar nächtigen aber nicht nur Schüler und Studenten, sondern auch Familien und Einzelreisende (ab 26 Jahre 4 Euro Aufpreis) – vorausgesetzt, man besitzt eine DJH-Mitgliedschaft *(Antrag unter www.djh.de).* Zur Wahl stehen Zwei-, Drei-, Vier- und Sechs-Bettzimmer. Im Preis inbegriffen ist das opulente All-you-can-eat-Frühstücksbüfett. Mittags und abends lockt die Küche mit Menüs für 4–6 Euro. Lunchpakete sichern die günstige Nahrungsaufnahme am Tag. *EZ ab 35 Euro, DZ ab 30 Euro/Person, Mehrbettzimmer ab 19 Euro/Person | 366 Betten | Miesingstr. 4 | Tel. 089 78 57 67 70 | www.muenchen-park.jugendherberge.de | U 3 Thalkirchen | Thalkirchen*

SMART STAY HOSTEL [139 F5]

Auch dieser ehemalige Easy-Palace-Ableger hat ein kräftiges Facelifting erhalten. Sowohl das Ambiente als auch Komfort und Interieur wurden spürbar angehoben. Im Angebot stehen Zwei-, Vier-, Sechs und Achtbettzimmer, alle mit eigener Dusche und WC. Gegen einen Aufpreis von 5,90 Euro können sich auch Übernachter im Mehrbettzimmer am Frühstücksbüfett laben. Achtung! Da das Hostel nur wenige Meter vom Oktoberfest entfernt liegt, empfiehlt es sich, bereits im Frühjahr zu buchen. Tiefgarage und ein Fahrradverleih gehören ebenfalls zum Service wie günstiges WLAN und Internetterminals in der Lounge. *EZ ab 59 Euro, DZ ab 89 Euro (EZ/*

DZ inkl. Frühstück), Mehrbettzimmer ab 14,90 Euro/Person | 325 Betten | Mozartstr. 4 | Tel. 089 558 79 70 | munichcity.smart-stay.de | U 3, 6 Goetheplatz | Ludwigsvorstadt

WOMBAT'S CITY HOSTELS [140 A4]

Unter Rucksacktouristen gilt das am Hauptbahnhof gelegene Hostel als absoluter Hit. Trotz der extrem starken Frequentierung: Das Wombat's ist picobello sauber und ein richtiger *meltingpot* an Nationalitäten in den Abendstunden, wenn's im Pub rund geht. Zum Topservice gehört, dass auf Wunsch auch reine Frauenzimmer geblockt werden. Zudem verfügen alle Zimmer über eine eigene Dusche samt WC. Service: Internetterminals, Münzwäscherei, Gästeküche. 🐷 Im Preis inbegriffen: Bettzeug, Stadtplan, Gepäckaufbewahrung, Zimmerfächer, WLAN und Welcome Drink. Zwei Tipps: **Insider Tipp** All-you-can-eat-Frühstücksbüfett für 4,30 Euro und 🐷 Munich Walking Tour for free, täglich ab 10.45 Uhr. Treffpunkt in der Lobby. *EZ ab 80 Euro, DZ ab 40 Euro/Person, Mehrbettzimmer ab 16 Euro/Person | 300 Betten | Senefelderstr. 1 | Tel. 089 59 98 91 80 | www.wombats-hostels. com | U 1, 2, 4, 5, S 1–4, 6–8 Hauptbahnhof | Maxvorstadt*

ZELTEN

CAMPINGPLATZ THALKIRCHEN [146 C3]

Ein Zimmer aus Leinwand? Tief im Süden, in den grünen Isarauen, liegt Münchens beliebteste Zeltstadt. Der bestens ausgestattete Platz bietet den üblichen Camperkomfort mit einfachen, aber sanierten Sanitäranlagen. In der Nähe liegen der Tierpark Hellabrunn, das Naturbad Maria-Einsiedel, die DAV-Kletteranlage sowie die Bavaria Filmstadt. Und der nahe Isarstrand verschafft nicht nur an heißen Sommertagen reichlich Abkühlung, sondern lockt auch mit romantischen BBQ-Nächten. *5,50 Euro/Person, 4,50 Euro/Zelt ab 2 Personen, Auto und Wohnwagen 11,50 Euro, Camper 9 Euro | Mitte März–Okt. | 300 Zeltplätze, 150 Wohnwagen- und 100 Wohnmobilstellplätze | Zentralländstr. 49 | Tel. 089 723 17 07 | www.campingplatz-muenchen.de | U 3 Thalkirchen | Thalkirchen*

THE TENT – KAPUZINERHÖLZL [134 A4]

Insider Tipp Anno dazumal lebten und schliefen die Wittelsbacher in den Sommermonaten nur einen Steinwurf entfernt vom heutigen Kapuzinerhölzl, nämlich im ehrwürdigen Schloss Nymphenburg. Heute treffen sich im Sommerhostel neben der herrschaftlichen Residenz vor allem junge Reisende aus aller Welt, um einen günstigen Schlafplatz im mehr als 600 m² großen Schlafzelt in einem Stockbett oder auf der Isomatte am Boden sowie – mit dem eigenen Zelt – auf dem Campingplatz zu ergattern. Trotz der jungen Gesichter: Nach oben gibt es hier keine Altersbeschränkung. Geöffnet ist rund um die Uhr und dank guter MVV-Verbindungen braucht man mit der Tram gerade mal 20 Minuten zum Marienplatz. Zum Service gehören u. a. Waschmaschinen, Gästeküche und Cafeteria, Biergarten, Spiel & Sport, Fahrradverleih *(9 Euro/Tag).* Jeden Mittwochmorgen gibt's eine kostenlose Stadtführung. *Bodenplatz 7,50 Euro, Stockbett 10,50 Euro, Zweipersonenzelt 16,50 Euro | Juni–Okt. | 500–600 Schlafplätze | In den Kirschen 30 | Tel. 089 14 13 00 | www.the-tent.com | Tram 17, N 16 Botanischer Garten | Nymphenburg*

ANNA HOTEL MÜNCHEN [132 B3]

Das Designhotel lockt mit erstklassigem Service, traumhaften Zimmern – und einer Turmsuite-Badewanne. Hier badet man mit freiem Blick über die Dächer der Innenstadt! Luxus zum Spartarif, das bietet zum Beispiel das Shoppingarrangement für 195 Euro pro Person. Dafür gibt es zwei Übernachtungen mit Frühstück, ein 3-Gänge-Menü im Anna Restaurant, einen Welcome Drink sowie Shoppingvergünstigungen bei Ludwig Beck, Porsche Design, Antike Uhren Eder, Napapijri und Ertl/Renz „Run& Ride". Angebote gibt's immer wieder auch per Newsletter. *EZ ab 175 Euro, DZ ab 200 Euro, inkl. Frühstücksbüfett | 148 Betten | Schützenstr. 1 | Tel. 089 59 99 40 | www.annahotel.de | U 4, 5, S 1–4, 6–8 Stachus | Ludwigsvorstadt*

HOTEL BAYERISCHER HOF [133 D2]

Münchens traditionsreichstes Hotel ist seit jeher auch Heimstätte der Schönen, Reichen und Berühmten, ob die Rolling Stones, Cameron Diaz oder Bill Clinton.

Bild: Design als Motto – Anna Hotel

LUXUS LOW BUDGET

Ein besonderes Schnäppchen ist das City-Break-Arrangement: zwei Nächte inklusive Champagner-Frühstücksbüfett, einem leckeren 4-Gang-Menü im Garden oder wahlweise im Trader Vic's an einem Abend und einem Cocktail in der legendären falk's Bar. Kosten: 399 Euro pro Nacht im Doppelzimmer, im Einzelzimmer 275 Euro. Erhältlich auf Anfrage und bei Verfügbarkeit. Selbstverständlich gibt es noch eine Vielzahl an weiteren verführerischen Arrangements. Ein Blick auf die Homepage oder in die App lohnt sich in jedem Fall. *EZ ab 268 Euro, DZ ab 370 Euro | 650 Betten | Promenadeplatz 2–6 | Tel. 089 212 00 | www. bayerischerhof.de | U 3, 6, S 1–4, 6–8 Marienplatz | Altstadt*

HOTEL MÜNCHEN PALACE [141 E3]

5-Sterne-Luxus und Bogenhausen, das passt. Das kleine Edelhotel besitzt ein tolles Flair, was auch Film- und Musikstars sehr schätzen. Angebote und tolle Arrangements wie das „3 für 2 Special" gibt es einige. Praktisch in diesem Fall: Man bleibt drei Nächte, zahlt aber nur zwei, sprich, man spart kräftig *(Classic EZ ab 133 anstatt 200 Euro, DZ ab 160 anstatt 240 Euro).* 🦐 Inklusive: Internetnutzung, kostenlose Minibar, eine Flasche Mineralwasser bei Anreise, Nutzung des Fitness- und Wellnessbereiches. *EZ ab 200 Euro, DZ ab 240 Euro, Frühstücksbuffet 28 Euro | 131 Betten | Trogerstr. 21 | Tel. 089 41 97 10 | www.muenchen palace.de | Tram 16, Bus 100 Villa Stuck, U 4 Prinzregentenplatz | Bogenhausen*

HOTEL VIER JAHRESZEITEN KEMPINSKI MÜNCHEN [133 E–F3]

Der frühe Vogel spart hier satte 20 Prozent auf die bestverfügbare Hotelrate. Einzige Bedingung: Das Zimmer oder die Suite müssen mindestens 30 Tage vor Anreise gebucht werden. Weitere Angebote sind der Saison angepasst. Ein Blick auf die Homepage lohnt. Da das Hotel direkt an der Maximilianstraße liegt, Münchens edler Luxus-Shoppingmeile, dürfte das Ersparte schnell für Gucci & Co. draufgehen. *EZ ab 318 Euro, DZ ab 320 Euro, inkl. Frühstücksbüfett | 480 Betten | Maximilianstr. 17 | Tel. 089 21 25 27 99 | www.kempinski.com/de/muenchen | U 3, 6, S 1–4, 6–8 Marienplatz | Altstadt*

> München lässt Kinderaugen leuchten. Und Mama und Papa freuen sich über kleine Preise

In kaum einer Großstadt ist man der Natur so nah! Erlebnisse im Grünen können vor allem die Kleinen in vollen Zügen und oft auch völlig kostenlos erleben: etwa in den Isarauen, die sich nicht mitten durch die Stadt schlängeln, sondern auch praktisch in ihren natürlichen Zustand zurückversetzt wurden. Da sind Planetenwege und potenzielle Pirateninseln zum Entdecken nur die Highlights in einem rundrum grünen Abenteuerparadies. Oder die Kinderstadt, in der die Minibürger für lau eigene Hütten bauen, den Traumberuf erlernen und mit der selbst verdienten Kinderwährung einkaufen können. Auch die vielen Abenteuerspielplätze kosten die Eltern keinen einzigen Cent, Gratisspielnachmittage reißen höchstens ein Loch in Kinderhosen, aber nicht ins Portemonnaie. Und wer schon immer einmal einen Bauernhof mitten in der Stadt besuchen wollte, kommt in München voll auf seine Kosten – ganz ohne Kosten.

Viel Action für wenig Geld lautet das Motto in der bayerischen Hauptstadt auch, wenn's um kulturelle Belange für die Kids geht: Egal, ob Flugzeugworkshop, abenteuerliche Museumsführung oder Van-Gogh-Malkurs – in München kommen die Sprösslinge garantiert nicht zu kurz!

MIT KINDERN

DRAUSSEN

BAUMSCHULE BISCHWEILER 🐷 [144 B2]

Eine grüne Oase mitten in der Stadt, die keinen Cent Eintritt kostet und auch noch kostenlose Führungen – nur nach Voranmeldung – anbietet. In den Themengärten der alten Baumschule Bischweiler lässt sich die einheimische Flora mit allen Sinnen erleben: Im Tastgarten kann man mit Fingern und Händen sehen lernen und die verschiedensten Blätter und Blüten erspüren. Im Giftpflanzengarten lernen Kinder, von welchen Pflanzen sie lieber die Finger lassen sollten. Aber auch Exoten wie der Blauglockenbaum aus Mittelchina oder der Taschentuchbaum aus dem chinesischen Szechuan dürfen nicht fehlen

– sie entfalten ihre volle Pracht im Mai. *April–Sept. Mo–Fr 7–21, Sa/So 9–21 Uhr, Okt.–Dez. Mo–Fr 7–18, Sa/So 9–18 Uhr | Sachsenstr. 2 | Tel. 089 62 17 14 42 | U 1, 2 Kolumbusplatz | Au*

FLAUCHER 🐷 [144 A4]

Die Isarauen haben sich zu einem einzigen großen Gratis-Abenteuerspielplatz gemausert. Eines der Highlights und ein absolutes Kinderparadies ist der Flaucher in der Nähe des Tierparks: Hier laden im Sommer zahlreiche Kiesbänke und Wasserbecken zum Baden ein, und im seichten Wasser kann man tolle Ministaumauern bauen – ein echter Hotspot für kleine Hobbyarchitekten! Altes Brot mitnehmen. In der parallel zum Flaucher verlaufenden Isar hat sich eine riesige Schwanenkolonie niedergelassen, die immer für einen kleinen Extrahappen zu haben ist. *Brudermühlbrücke | U 3 Thalkirchen | Thalkirchen*

MENTERSCHWAIGE [146 C5]

Das frisch renovierte Wirtshaus mit einem der schönsten Biergärten Münchens hat ein Herz für Kinder: Junioren erhalten gegen Vorlage des Schülerausweises 20 Prozent Rabatt. Aber nicht nur kulinarisch ziehen die Kleinen hier das große Los. Im Schatten der Kastanienbäume steht ein riesiges Holzpiratenschiff, das nur darauf wartet, geentert zu werden. Und auch der Spielplatz mit Drehkreisel, Rutschturm und Nostalgiekarussell kommt bei Kindern gut an. Auch im Winter ist Spaß angesagt: Dann können sich die Kids mit extra kleinen Eisstöcken beim Eisstockschießen austoben. *Tgl. 11–24 Uhr | Menterschwaigstr. 4 | Tel. 089 64 07 32 | www.menterschwaige.de | Tram 15, 25 Menterschwaigstraße | Harlaching*

PLANETENWEG AM DEUTSCHEN MUSEUM 🐷 [144 C1–A4]

Wie groß ist unser Sonnensystem, wie viele Planeten gibt es und welcher ist am weitesten von der Sonne entfernt? Diese Fragen beantwortet der Planetenweg, ein kostenloser Lehrpfad, der entlang der Isar vom Deutschen Museum zum Tierpark Hellabrunn führt. Anhand der Abstands und der Größe der Planetenskulpturen zeigt er maßstäblich deren Größe und die Entfernung von der Sonne – bis zum Pluto sind's hier 4,57 km. Los geht die etwa einstündige Wissensreise im Innenhof des Deutschen Museums. Auf Info-tafeln können Kids und Eltern alles über den jeweiligen Planeten und das gesamte Sonnensystem nachlesen – ein echter Erlebnisspaziergang! *Ausgangspunkt: Deutsches Museum, Innenhof | S 1–4, 6–8 Isartor | Zentrum; Endpunkt: Tierpark Hellabrunn | U 3 Thalkirchen | Thalkirchen*

VOGELPARK OLCHING [148 B2]

Was ist ein Nandu, wovon ernährt sich der seltene mitteleuropäische Eisvogel und welche Spannweite hat der Andenkondor Hannes? Das alles und mehr erfahren Sie bei einem Sonntagsausflug in den Vogelpark Olching vor den Toren Münchens. Der Eintrittspreis von 3 Euro pro

Bild: Neugierige Kinder sind genau richtig im Deutschen Museum

Kind lässt Elternherzen höher schlagen, zumal Sie ab dem dritten Kind gar nichts mehr für die Sprösslinge zahlen! Und der Park hat nicht nur faire Preise zu bieten, sondern auch über 500 Vögel aus allen Erdteilen in zahlreichen Volieren. Müde Elternbeine erholen sich im gemütlichen Biergarten, während der unermüdliche Nachwuchs auf dem angeschlossenen Spielplatz toben. *Eintritt 4,50 Euro, Kinder (4–14 Jahre) 3 Euro | April–Okt. So 10–17 Uhr | Tel. 0160 98 02 41 50 | Toni-März-Str. 1 | www.vogelpark-olching.de | S 3 Olching | Olching*

WALDERLEBNISZENTRUM
GRÜNWALD 🐷   [148 C3]

Hier ist der Name Programm: Die Kleinen erfahren und erleben alles, was mit dem Lebensraum Wald zu tun hat. Und das bei freiem Eintritt und kostenlosen Führungen! Dabei wird jede Menge geboten: Im Pavillon zeigt eine Ausstellung Pilze und tierische Waldbewohner. Der Erlebnispfad animiert zum Mitmachen und regt zu Experimenten an, wie etwa über ein Baumtelefon miteinander zu quatschen. Und im Schwarzwildgehege kann man bei der täglichen Fütterung der Wildschweine zusehen (Fütterungszeiten telefonisch erfragen). *Mo–Fr 8–16.30, Sa/So 11–16.30 Uhr, Erlebnispfad und Wildschweingehege immer zugänglich | Grünwalder Forst | Tel. 089 649 20 99 | www.walderlebniszentrum-gruenwald.de | S 7 Höllriegelskreuth oder Tram 25 Grünwald, Bus 271 Grünwald-Waldfriedhof | Grünwald*

ENTDECKEN
ALTER PETER   [133 D4]

🐷 Kinder unter sechs Jahren erhalten gratis Zutritt und Schüler und Studenten zahlen einen symbolischen Euro, um sich mit Papa oder Mama ein atemloses Wettrennen über 306 Stufen zu liefern. Münchens älteste Pfarrkirche, im Volksmund Alter Peter genannt, belohnt sie alle mit einem atemberaubenden Blick über die Dächer. Bei klarem Wetter sieht man sogar bis zu den Alpen! *Eintritt 2 Euro, Kinder ab 6 Jahren 1 Euro | Sommer Mo–Fr 9–18.30, Sa/ So 10–18.30 Uhr, Winter Mo–Fr 9– 17.30, Sa/So 10–17.30 Uhr | Tel. 089 260 48 28 | Rindermarkt 1 | U 3, 6, S 1–4, 6–8 Marienplatz | Zentrum*

MIT KINDERN

DEUTSCHES MUSEUM [140 C5]

Wer München besucht, kommt um das Deutsche Museum nicht herum. Hier erfährt man alles über Technik und Naturwissenschaft, Forschung und unsere Erde. Der Preis von 4 Euro für den Nachwuchs ist fair, 🐷 Kinder unter fünf Jahren kommen sogar umsonst rein ins Wissensparadies.

Jeden Mittwoch außerhalb der Ferien gibt es eine 🐷 Gratisführung für Kinder zwischen fünf und acht Jahren (*MimKi | Mi 14.30–15.30 Uhr | Treffpunkt im Kinderreich | Anmeldung Tel. 089 217 94 11*). Dort warten noch mehr Überraschungen: Hier können 3- bis 8-Jährige auf einer Riesengitarre spielen oder auf einem echten Feuerwehrauto herumturnen. *Eintritt 11 Euro, Schüler/Studenten 4 Euro, unter 5 Jahren frei, Familienkarte 23 Euro | tgl. 9–17 Uhr | Museumsinsel 1 | Tel. 089 217 91 | www.deutsches-museum.de | S 1–4, 6–8 Isartor | Zentrum*

HIMMELSWERKSTATT 🐷 [133 D3]

Alljährlich zur Weihnachtszeit verwandelt sich die Ratstrinkstube des Rathauses in eine riesige Himmelswerkstatt, in der es nur so wimmelt von kleinen Engeln. Und niemand muss Eintritt zahlen! Ob Plätzchen backen oder Weihnachtskarten drucken, die Künstler und Pädagogen des Münchner Kinder- und Jugendmuseums kümmern sich während des Christkindlmarktes bestens um ihre jugendlichen Gäste zwischen 6 und 12 Jahren. Und da das Himmelswerkstatt-Team gleich mehrere Sprachen beherrscht, finden sich hier auch kleine internationale Touristen ein. Wichtig: unbedingt pünktlich kommen! *Eintritt frei | tgl. zur Adventszeit 14.30 Uhr und 16.30 Uhr, Dauer ca. 1,5 Std. | Ratstrinkstube im Rathaus, Marienplatz 1, Treffpunkt: Rathauspforte am Fischbrunnen | www.muenchen.de | U 3, 6, S 1–4, 6–8 Marienplatz | Zentrum*

SEA LIFE [135 F3]

Der Besuch der Unterwasserwelt im Olympiapark ist nicht gerade günstig. Doch wer sein Eintrittsticket online bucht, spart bis zu 40 Prozent. Statt 16,95 Euro für Jugendliche und Erwachsene oder 13,50 Euro für Kinder bis 14 Jahre sind dann je nach Uhrzeit nur jeweils 9,95 Euro fällig. *Tgl. ab 10 Uhr | Willi-Daume-Platz 1*

| Tel. 01806 66 69 01 01 | www.visitsealife.com/munchen | U 3 Olympiazentrum | Schwabing

VOLKSSTERNWARTE [145 E2]

Jeden Freitag um 17 Uhr bietet das Observatorium für Himmelsbeobachtung eine Nachmittagsvorstellung für Kinder ab 4 Jahren an, die im Eintrittspreis enthalten ist: Eineinhalb bis zwei Stunden lang können die Kleinen den künstlichen Sternenhimmel des Planetariums entdecken. Aber das ist nicht alles: Bei klarem Himmel kann man hier in den Abendstunden ferne Planeten sehen, die Internationale Raumstation beim Flug um die Erde beobachten und manchmal sogar den Funkverkehr der Astronauten mitverfolgen. *Eintritt 5 Euro, Kinder 3 Euro | Kinderführungen Fr 17 Uhr; Abendführungen: Sept.–März Mo–Fr 20–22, April–Aug. Mo–Fr 21–23 Uhr | Rosenheimerstr. 145h | Tel. 089 40 62 39 | www.sternwarte-muenchen.de | U 2 Karl-Preis-Platz | Berg am Laim*

KULTUR

BAYERISCHES NATIONALMUSEUM [141 D3]

🐷 Das Museum gewährt nicht nur Kindern und Jugendlichen unter 18 Jahren freien Eintritt, sondern bietet jeden Sonntag (15 Uhr) auch preisgünstige Mitmachführungen für Kinder ab 6 Jahren an (mit oder ohne Eltern). Da geht es um Masken und Prachtgewänder, ums weiße Porzellangold oder um die berühmte Krippensammlung des Hauses. 🐷 An einem Sonntagnachmittag im Monat geht die „Museumsmuffel-Bande" auf Tour: Erzählerin Katharina Ritter hat eine Geschichtenreihe rund um das Museum, seine Kunstwerke und Mitarbeiter entwickelt – herausgekommen sind aufregende Abenteuergeschichten, die den Kleinen (ab 6 Jahren) ganz nebenbei die Museumswelt näherbringen. Das Beste daran: Diese Führung ist kostenlos, keine Anmeldung erforderlich! Und sonntags beträgt selbst der Eintritt für Erwachsene nur 1 Euro. *Eintritt 7 Euro, unter 18 Jahren Eintritt frei | Di–So 10–17, Do 10–20 Uhr | Prinzregentenstr. 3 | Tel. 089 211 24 01 | www.bayerisches-nationalmuseum.de | U 4, 5 Lehel | Lehel*

KINDERTHEATER IM FRAUNHOFER [140 B5]

Das Wirtshaus Fraunhofer bietet nicht nur Schnitzel und Co., sondern auch Kindertheater am Sonntagnachmittag (manchmal auch zusätzlich um 11 Uhr) im Hinterhof. Die Stücke sind geeignet für Kinder ab 4 Jahren und drehen sich um die Kuh Rosmarie, um Marco Polos Abenteuer oder um den Zahlensalat, den die Mathematik uns serviert. Pro Erwachsenenkarte (7 Euro) geht ein Euro an die Aktion „Freistunde", die Kindern aus sozial schlecht gestellten Familien den Theaterbesuch ebenfalls ermöglichen soll. *Eintritt 5 Euro | So 15 Uhr | Fraunhoferstr. 9 | www.kindertheater-im-fraunhofer. de | U 1, 2 Fraunhoferstraße | Isarvorstadt*

KINDER- UND JUGEND-
MUSEUM MÜNCHEN   [140 A3]

Mit der Familienkarte (12,50 Euro) ist der Eintritt für zwei Erwachsene und alle Kinder inklusive! Pro Jahr finden im direkt am Hauptbahnhof gelegenen Museum zwei wechselnde Ausstellungen statt, die so kreative Namen wie „Weg vom Fleck!", „Vom Krach zu Bach – Töne erforschen, Klang entdecken, Musik erleben" oder „SuperSpace – Intergalaktisch, Interaktiv, Multimedial" haben.

Genauso kreativ ist auch die Philosophie des Kindermuseums: Die kleinen Besucher dürfen hier anfassen und berühren, um zu begreifen und zu verstehen. Alle Orte des Museums sind frei begehbar und laden die Kids spielerisch dazu ein, sich real und digital mit dem jeweiligen Thema der Ausstellung zu beschäftigen. *Eintritt (ab 5 Jahren) 4,80 Euro, Familienkarte 12,50 Euro | Di–Fr 14–17, Sa/So 10–17 Uhr | Arnulfstr. 3 | Tel. 089 5404 64 40 | www.kindermuseummuenchen.de | U 1, 2, 4, 5, S 1–4, 6–8 Hauptbahnhof | Zentrum*

KLEINES THEATER
IM PFÖRTNERHAUS   [137 F4]

Hier gibt es keine Erwachsenen und keine Kinder, sondern nur „Nasen" und damit einen Einheitspreis von 6 Euro. Das Kasperltheater ist ein Familienbetrieb mit Leib und Seele. Seit mehr als 20 Jahren schreibt Lieselotte Bothe alle Stücke selbst und schlüpft gemeinsam mit ihrem Mann in alle verschiedenen Handpuppenrollen. Die liebevollen Inszenierungen begeistern vor allem jüngere Kinder ab 3 Jahren. Das Schöne an den lebendigen Bühnendarbietungen: Sie haben alle ein Happy End! Karten sollten Sie vorab telefonisch bestellen. *Eintritt 6 Euro | Mi 15 Uhr, So 11 und 15 Uhr | Oberföhringer Straße 156 | Tel. 089 95 31 25 | www.kasperlbuehne.de | U 4 Richard-Strauß-Straße, Bus 188 Bürgerpark Oberföhring | Oberföhring*

KUNST FÜR KINDER

Für einen kleinen Obolus (ab 2 Euro) führt dieser gemeinnützige Verein, kurz KUKI genannt, Kinder im Vor- und Grundschulalter mit einer eineinhalbstündigen „Schatzsuche" behutsam in die bunte Welt der Kunstmuseen ein. Gemeinsam erforschen die Kinder in Münchens Sammlungen die verborgenen Geschichten hinter Bildern von Monet, Picasso oder Van Gogh, interpretieren die Kunstwerke und malen die Originale selbst nach.

Eine zweistündige „Spurensuche" zur Stadtgeschichte widmet sich den historischen Plätzen und Gebäuden Münchens und erzählt spannende Geschichten zu ihrer Entstehung. In den Ferien sind die jungen Kunstentdecker etwas länger unterwegs, denn dann geht es auch ganztägig auf Museumsreise. *Kosten 2–7 Euro plus Museumseintritt, Museumsreisen 25–38 Euro | Mo–Fr nach Terminvereinbarung, am Wochenende feste Termine | Anmeldung unter Tel. 089 36 10 81 71 | www.kuki-muenchen.de*

LILALU – UMSONST & DRAUSSEN 🐷 [135 E4]

Vormittags mit Mama und Papa shoppen und Sightseeing, ab 13 Uhr spielen und Spaß haben, dass der Boden nur so wackelt – und das zum Nulltarif. Denn während der Sommerferien lockt dieses Festival mit Programmpunkten wie z. B. Flohmarkt, einer spannenden Actionarea, Kasperltheater, Kino, Lesungen, Kreativ- und Märchenzelten, Livebands u. v. m.

Ganz egal ob Kleinkind, Jugendlicher oder Erwachsener, das Angebot ist so abgestimmt, dass man einen tollen Familientag erleben kann. Und bei Regen huscht man einfach in eines der Zelte. *Eintritt frei | Aug. tgl. ab 13 Uhr | Südliches Gelände Olympiapark | www.lilalu.org | Tram 20, 21 Olympiapark West, U 3 Olympiazentrum | Schwabing*

SPASS & SPORT

EIS- UND FUNSPORT-ZENTRUM OST & WEST [148 C2]

Für nur 2 Euro kann man hier Schlechtwettertagen ein Schnippchen schlagen, denn sportliche Action ist immer geboten! Im Sommer können sich Skateboarder, Inlineskater oder BMX-Fahrer in den Funparks mit Halfpipe, Miniramp, Quarterpipe und Fun Boxen austoben. Im Winter verwandeln sich die Funsportzentren in Eislaufhallen. *Ost: Eintritt 3 Euro, Kinder 2 Euro, unter 6 Jahren frei | Sommer April–Sept., Winter Okt.–März Mo–Fr 9–21.30, Sa/So 11.30–21.30 Uhr | Staudinger Str. 17 | Tel. 089 63 01 91 47 | U 5 Michaelibad, Bus 195 Ostpark | Ramersdorf; West:*

Eintritt 3 Euro, Kinder 2 Euro, unter 6 Jahren frei | Sommer April–Sept., Winter Okt.–März tgl. 9.30–12.30 u. 14–16 Uhr, Mo, Mi, Fr/Sa auch 20–22 Uhr | Agnes-Bernauer-Str. 241 | Tel. 089 89 68 90 07 | Tram 19 Westbad | Pasing

KINDER- UND JUGENDFARM

Landwirtschaft und Handwerk hautnah erleben – und das gleich zweimal, in Ramersdorf und Neuaubing. Der Aufenthalt auf den beiden großen Bauernhöfen ist kostenlos, die

CLEVER!

> Kostenlos zum und ins Museum

Schöne Ausstellungen müssen nicht teuer sein, im Gegenteil: In vielen Münchner Sammlungen haben Kinder unter 6 Jahren freien Zutritt. Sie können zum Beispiel im Alpinen Museum (*Di–Fr 13–18 Uhr, Sa, So 11–18 Uhr | Praterinsel 5 | Tel. 089 211 22 40 | www. alpenverein.de | Tram 18 Mariannenplatz | Zentrum*) anhand vieler Modelle, Bilder und Gebrauchsgegenstände den Spuren berühmter Bergsteiger folgen. In der Flugwerft des Deutschen Museums (*tgl. 9–17 Uhr | Effnerstr. 18 | Tel. 089 315 71 40 | www.deutsches-museum. de | S 1 Oberschleißheim, Bus 292 Mittenheimer Str. | Oberschleißheim*) warten mehr als 60 Flugzeuge und Hubschrauber und im Valentin-Musäum (S. 28) mehr als der legendäre Nagel, an den der berühmte Kabarettist und Komiker Karl Valentin seinen Schreinerberuf hängte. Neben dem Eintritt in diese und jede Menge anderer Museen ist auch die Anfahrt ein echtes Sparangebot: In Bussen, Tram-, S- und U-Bahnen zahlen Kinder unter 6 Jahren keinen Cent!

Erlebnisse dagegen sind unbezahlbar: Pflanzen anbauen, Tiere pflegen, ein Handwerk erlernen – und so üben hier schon die Kleinsten, Verantwortung zu übernehmen. Neben der landwirtschaftlichen Arbeit stehen aber auch Töpfer-, Schneider-, Schreiner- oder Computerkurse auf dem Stundenplan. Und damit niemand hungrig bleibt, gibt's in Ramersdorf samstags den Kinderkochclub. Für 1,50 Euro können die Kleinen erst Küchenfertigkeiten erlernen und dann ihr eigenes Werk auch noch verputzen. *Di–Sa 10–18 Uhr | Görzer Str. 95 | Tel. 089 60 06 28 15 | U 2 Giesinger Bahnhof | Bus 139 Mitterweg | Ramersdorf* [145 E4]*; Di–Sa 10–18 Uhr | Wiesentfelserstr. 59 | Tel. 089 871 12 87 | S 8 Neuaubing | Neuaubing* [145 E4]*; www.jugendfarm-muenchen.de*

MAULWURFSHAUSEN 🐷 [148 C2]

Maulwurfshausen ist eine Stadt von Kindern für Kinder im Alter zwischen 6 und 13 Jahren. Hier kann jeder Bewohner werden und zwar ganz ohne Einbürgerungsgebühr! Unterstützt durch Pädagogen, wird das „Leben in der Stadt" gespielt: Die Kurzen können eigene Häuser bauen, Berufe erlernen und Läden eröffnen. Es gibt eine eigene Währung (Maulis), und die Kinder können auf Bürgerversammlungen über ihre selbstverfassten Gesetze abstimmen. Kletterwand, unterirdische Gänge und eine große Wasserrutsche laden zum Toben ein, aber auch im Winter existiert Maulwurfshausen weiter: Dann ziehen alle einfach ins große Spielhaus um, in dem täglich neue Programme für Abwechslung sorgen. *Mo–Fr 13–18 Uhr | Albert-Schweitzer-Str. 24 | Tel. 089 670 11 31 | www.maulwurfshausen.de | U 5 Quiddestraße | Ramersdorf-Perlach*

OLYMPIA-EISSPORT-ZENTRUM [135 E3]

Für kleines Geld (ab 2,80 Euro) können Sie und Ihre Kids hier Pirouetten ziehen oder zu Chartmusik über das Eis kurven. Für diejenigen, die sich sogar mal an Axel und Rittberger wagen möchten, gibt's nach Voranmeldung Privatunterricht von professionellen Eislaufpädagogen. *Eintritt 4,50 Euro, Kinder 3 Euro, unter 6 Jahren frei | Publikumseislauf zu wechselnden Zeiten, s. Website | Willy-Daume-Platz | Tel. 089 306 70 | www.olympiapark.de | U 3 Olympiapark | Schwabing*

MIT KINDERN

SPIELNACHMITTAGE 🐷

Von Mai bis September locken bei gutem Wetter an mehreren Orten in der Stadt Gratisspielnachmittage: Im Ostpark, im Westpark, im Riemer Park, im Luitpoldpark können Kids und Eltern sonntags unter fachkundiger Anleitung bei Spielen mitmachen, sich beim Bouldern versuchen, im Seilgarten hangeln oder auf Stelzen balancieren. Wenn's kalt ist, erfreuen beim Winterspielnachmittag (So 13.30–16.30 Uhr) im Westpark (Wiese Nähe Bayerwald-Haus), im Ostpark und im Luitpoldpark allerlei Rutschgeräte und Werkzeug zum Iglubau. *Mai–Sept. So 14.30–18 Uhr | Ostpark: U 5 Quiddestraße | Ramersdorf; Riemer Park: U 2 Messestadt Ost | Messestadt; Luitpoldpark: U 2, 3 Scheidplatz | Schwabing* [136 B3]; *Westpark: U 6 Westpark | Sendling* [142 B2]; *Isar (Wittelsbacherbrücke): U 1, 2 Kolumbusplatz | Untergiesing* [144 B2]; *Tel. 089 44 48 82 87 21 | www.sport-muenchen.de*

SPIELPLÄTZE

ABENTEUERSPIELPLATZ NEUHAUSEN 🐷   [135 D5]

Dieser Spielplatz verdient seinen Namen, denn auf dem 7000 m² gro-

ßen Gelände gibt es jede Menge Abenteuer – und zwar völlig gratis: Wasserrutsche, Feuerstelle, Lehmofen, selbstgebaute Hütten, Stadtmauer, Ratschinsel und und und. Hier können sich Kinder bis 13 Jahre unter pädagogischer Aufsicht austoben. An Schlechtwettertagen weichen die Abenteurer einfach in das Spielhaus aus. Für die Kleineren gibt es einen Extrabereich mit Wasserspielhügel und Sandkasten. Wer einen Spielplatzausweis (1 Euro) beantragt, kann sogar eine eigene Hütte mieten, Spielgeräte ausleihen und an Zeltlagern oder Ausflügen teilnehmen. *Mai–Mitte Sept. Mo 14–20, Di–Fr 14–19, Mitte Sept.–April Mo–Fr 14–18 Uhr | Hanebergstr. 14 | Tel. 089 15 53 33 | www. asp-neuhausen.de | U 1 Gern | Neuhausen*

GLOCKENBACHSPIELPLATZ 🐷 [140 B5]

Ein wahres, kostenfreies Kinderparadies mitten in der Stadt und das auch noch im absoluten Inviertel Münchens! Das Hügelgelände unter den schattenspendenden Bäumen wird Krokodilspielplatz genannt, denn aus dem Sandkasten ragen Kopf, Rücken und Schwanz eines solchen Reptils in Stein. Über die Kletterpyramide lässt sich die Kurvenrutsche erklimmen, es gibt Reifenschaukeln und Holzhäuschen, Wipptiere und Hängebrücke, Fliegerturm und Netzklettergerüst. Der etwas größere Nachwuchs kann sich bei Tischtennis oder Streetball austoben, und die Erwachsenen besorgen zur Abkühlung am Kiosk gleich um die Ecke ein leckeres Eis. *Am Glockenbach, Ecke Arndtstraße | Bus 58 Baldeplatz | Glockenbachviertel*

Jede Menge Platz, um den Trecker mal so richtig auszufahren, gibt's auf dem Winterspielplatz

SPIELPLATZ AN DER SCHLOSSMAUER 🐷 [138 A2]

Bunt und mit viel Holz ausgestattet, bietet der Spielplatz besonders für junge Kletterkünstler jede Menge Potenzial. Klar, dass da Baumhaus, Wackelbrücke und Klettergerüst nicht fehlen dürfen. Aber auch die ganz Kleinen kommen dank Sandkasten, Holzzelt und Rutsche voll auf ihre Kosten, während die Eltern von der schönen Picknickwiese in der Mitte aus ganz bequem alles im Auge behalten können. *Winfriedstr. | S 1–4, 6, 8 Laim | Nymphenburg*

SPIELPLATZ IM ALTEN BOTANISCHEN GARTEN 🐷 [140 A3]

Kunst und Kinderspaß in einer Location! Der Alte Botanische Garten ist eine erholsame Oase inmitten der City, in der es alles gibt, was das Kinderherz begehrt: flotte Wellenrutsche und wackelige Hängebrücke oder auch Kletterwand, Karussell, Wippe, Labyrinth, Brotzeittische, Basketballkorb und Wasserspiele. Große Bäume spenden im Sommer Schatten und im Winter erwacht der kleine Rodelhügel zum Leben. Und nach dem Spielen können die Großen dem direkt neben dem Spielplatz gelegenen Kunstpa-

villon *(Di–Sa 13–19, So 11–17 Uhr | Tel. 089 59 73 59 | www.kunst pavillon.org)* einen Besuch abstatten und sich wechselnde Ausstellungen ansehen – und das kostenlos! *Sophienstr. 15 | U 4, 5, S 1–4, 6–8 Karlsplatz | Zentrum*

WINTERSPIELPLATZ 🐷 [140 B5]

Nass, kalt, ungemütlich: Wenn der Winter kommt, wird's oft schwierig mit dem Toben. Da kann dann schon mal Langeweile aufkommen. Nicht so im kostenlosen Indoorspielplatz im Glockenbachviertel: Auf knapp 500 m^2 wuseln Kinder bis 3 Jahre herum. Bobbycars, Duplosteine, Holzeisenbahn, Krabbellandschaft, Kuschelzelt, Kinderküche, Bilderbücher und noch mehr pädagogisch sinnvolles Spielzeug hält die Kleinen bei guter Laune, während die Großen bei Kaffee und Tee Erfahrungen austauschen. Klar, dass hier auch so praktische Dinge wie Wickeltisch und Mikrowelle nicht fehlen dürfen. *Nov.–März genaue Öffnungszeiten siehe Website | Holzstr. 9 | Tel. 089 44 49 97 20 | www. winterspielplatz-muenchen.de | U 1–3, 6 Sendlinger Tor | Glockenbachviertel*

KARTENLEGENDE

 Autobahn mit Nummer
Motorway with number
Autoroute avec numéro

 Nummer der Autobahnanschlussstelle
Motorway junction number
Numéro d'échangeur d'autoroute

 Schnellstraße/ Bundesstraße
Expressway/ Federal road
Route express/ Route nationale

 Durchgangsstraße
Main through road
Grande route

 Übrige Straßen/ Weg
Other roads/ Footpath
Autres routes/ Sentier

 Straßen in Bau/ Planung
Roads under construction/ projected
Routes en construction/ en projet

 Fußgängerzone/ Einbahnstraße
Pedestrian zone/ One-way street
Zone piétonnière/ Rue à sens unique

 Stadt- und Gemeindegrenze
Town and communal boundary
Limite de ville et commune

 Umweltzone
Environmental zone
Zone environnement

 Eisenbahn mit Bahnhof
Railway with station
Voie ferrée avec gare

 Güter- und Industriebahn
Freight and industrial railway
Voie ferrée de marchandise et industrielle

 S-Bahn mit Nummer und Station
Rapid transit train with number and station
Train en trafic suburbain avec numéro et gare

 U-Bahn/ Stadtbahn
Underground/ Light Rail
Métro/ Métro Léger

 Bus/ Straßenbahn mit Endhaltestelle
Bus/ Tramway with terminus
Autobus/ Tramway avec terminus

  Parkplatz/ Parkhaus/ Tiefgarage
Car park/ Parking house/ Underground car park
Parking/ Garage/ Parking souterrain

  Park+Ride/ Parkleitsystem
Park+Ride/ Parking control system
Park+Ride/ Système de signalisation

 Hallenbad
Indoor swimming pool
Piscine couverte

 Kirche
Church
Église

 Krankenhaus
Hospital
Hôpital

 Campingplatz/ Jugendherberge
Camping site/ Youth hostel
Camping/ Auberge de jeunesse

 Post
Post office
Bureau de poste

 Försterei
Forester's lodge
Maison forestière

 Einzelne Bäume
Isolated trees
Arbres isolés

 Wirtshaus/ Ausflugslokal
Inn/ Excursion - Inn
Auberge/ Café-Restaurant

 Sendeanlage/ Leuchtturm
Transmitting station/ Lighthouse
Station d'émission/ Phare

 Denkmal/ Turm
Monument/ Tower
Monument/ Tour

 Windmühle/ Windrad
Windmill/ Windpower
Moulin à vent/ Éolienne

 Tourist-Information
Tourist information center
Syndicat d'initiative

 Konsulat/ Botschaft
Consulate/ Embassy
Consulat/ Ambassade

 Wald/ Park, Friedhof
Forest/ Park, Cemetery
Fôret/ Parc, Cimetière

CITYATLAS
MÜNCHEN

> Auf der nächsten Seite finden Sie eine *Übersichts-karte* mit den 10 wichtigsten Sehenswürdigkeiten

> Eine *Umgebungskarte* vom Großraum München befindet sich auf den Seiten 148/149

> Das *Straßenregister* (ab Seite 150) enthält eine Aus-wahl der im Cityatlas dargestellten Straßen und Plätze

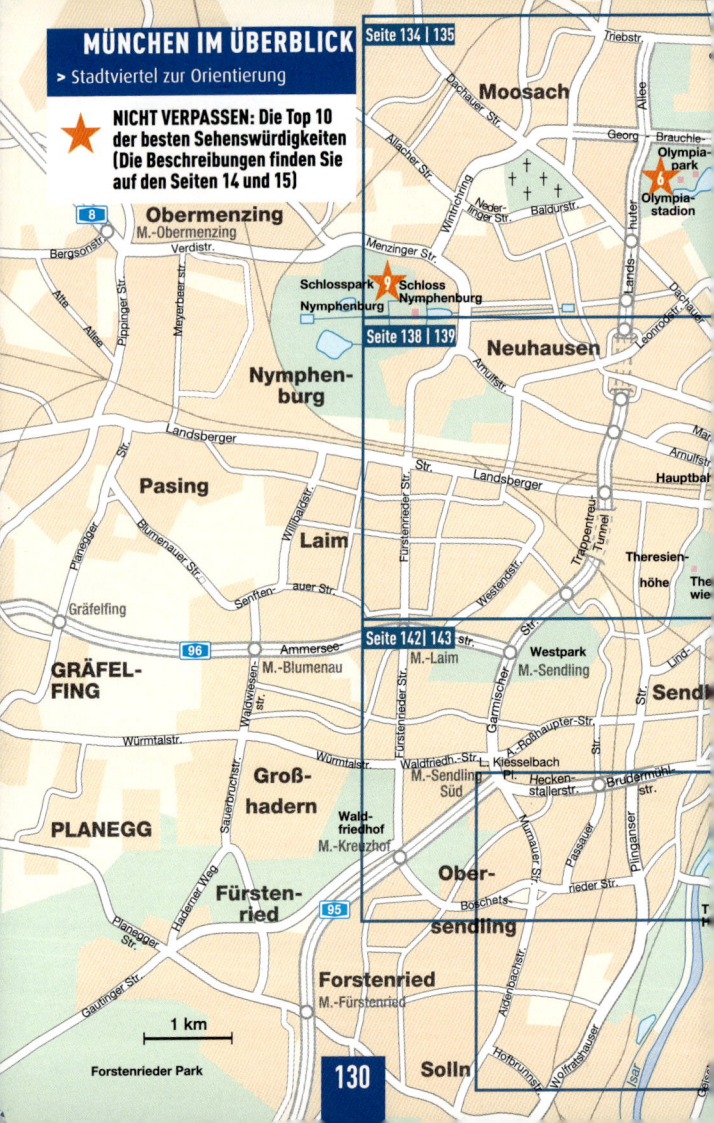

MÜNCHEN IM ÜBERBLICK

> Stadtviertel zur Orientierung

NICHT VERPASSEN: Die Top 10 der besten Sehenswürdigkeiten (Die Beschreibungen finden Sie auf den Seiten 14 und 15)

Seite 134 | 135

Moosach

Olympia-park

Olympia-stadion

Obermenzing

M.-Obermenzing

Verdistr.

Bergsonstr.

Alte Allee

Pippinger Str.

Meyerheer Str.

Menzinger Str.

Neuhausen

Schlosspark Nymphenburg

Schloss Nymphenburg

Seite 138 | 139

Nymphen-burg

Landsberger

Pasing

Laim

Str.

Landsberger

Hauptba

Blumenauer Str.

Willibaldstr.

Senften-

auer Str.

Wester dstr.

Theresien-höhe

The wie

Gräfelfing

Seite 142 | 143

Ammersee str.

M.-Laim

Westpark

M.-Sendling

Send

GRÄFEL-FING

M.-Blumenau

Waldwiesen-str.

Garmischer Str.

Lind

Würmtalstr.

Würmtalstr.

Waldfriedh-Str.

Kiesselbach Pl.

Groß-hadern

M.-Sendling Süd

Hecken-staller str.

Bruckmühl-str.

PLANEGG

Sauerbruchstr.

Waldfriedhof M.-Kreuzhof

Mumauer Str.

Passauer Str.

Pfinganser

Hader Weg

Fürsten-ried

Ober-

Boschets-

sendling

Plangger Str.

Glautinger Str.

Forstenried

M.-Fürstenried

Aidenbachstr.

Hofbrunnstr.

Wolfratshauser

1 km

Forstenrieder Park

130

Solln

Isar

Seite 136 | 137

Seite 140 | 141

Seite 132 | 133

Seite 144 | 145

Seite 146 | 147

UNTER-
FÖHRING

Frei-
mann

Ober-

föhring

Zamdorf

Daglfing

M.-Zamdorf

M.-Daglfing

Steinhausen

Kirch-
trudering

Berg
am Laim

Trudering

Ramersdorf

Ostpark

Neu-
perlach

Perlach

Wald-
perlach

UNTERBIBERG

Schwabing

M.-Schwabing

Englischer
Garten

Bogen-
hausen

Friedens-
engel

Maxi-
millaneum

Deutsches
Museum

Ostbahnhof

Giesing

M.-Ramersdorf

M.-Perlach

Fasan-
garten

Harlaching

Unterhaching

Neubiberg

Petuelring

Karlsplatz
Residenz
Maxim.-Pl.
Frauen-
kirche
Marien-
platz
Isartor

131

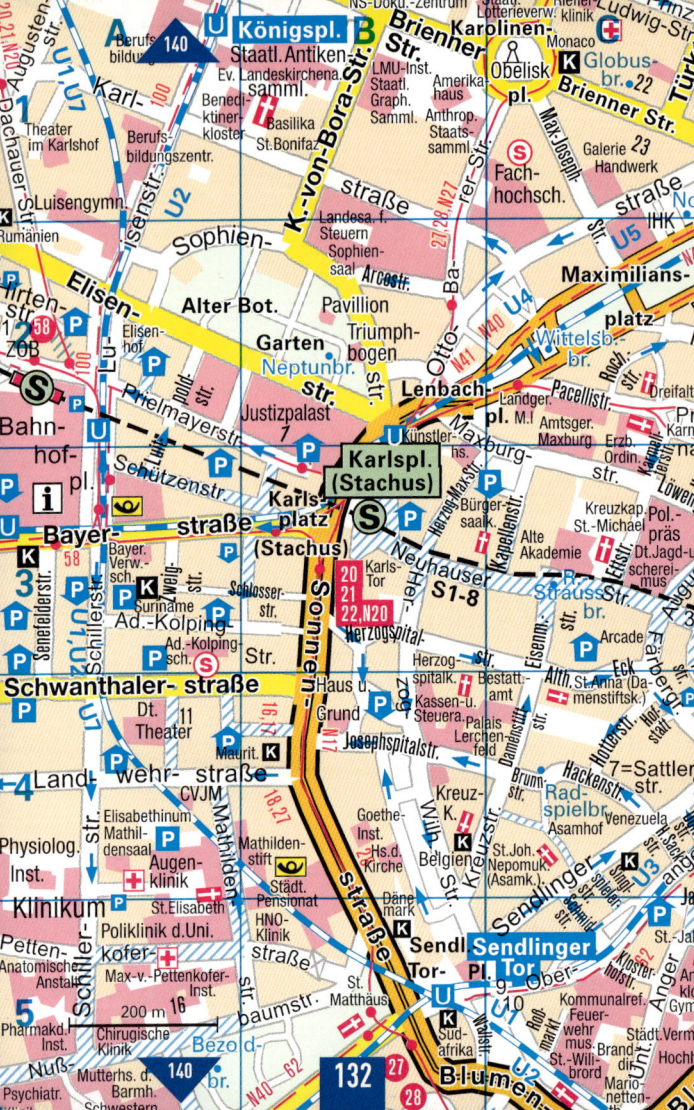

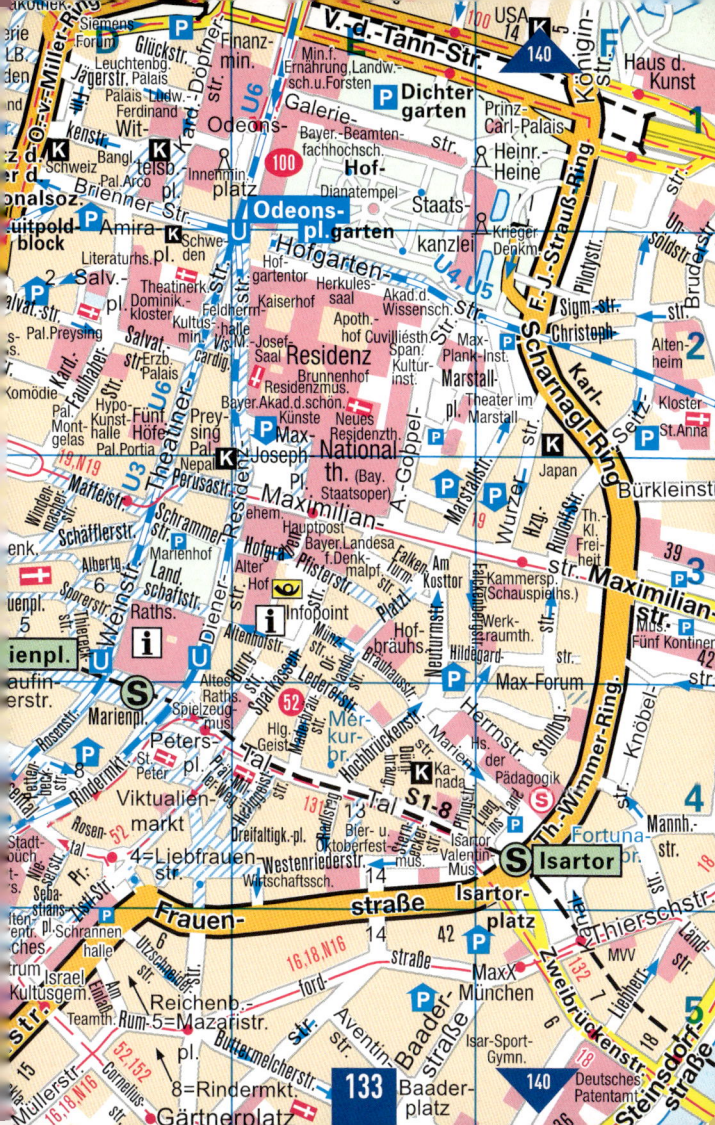

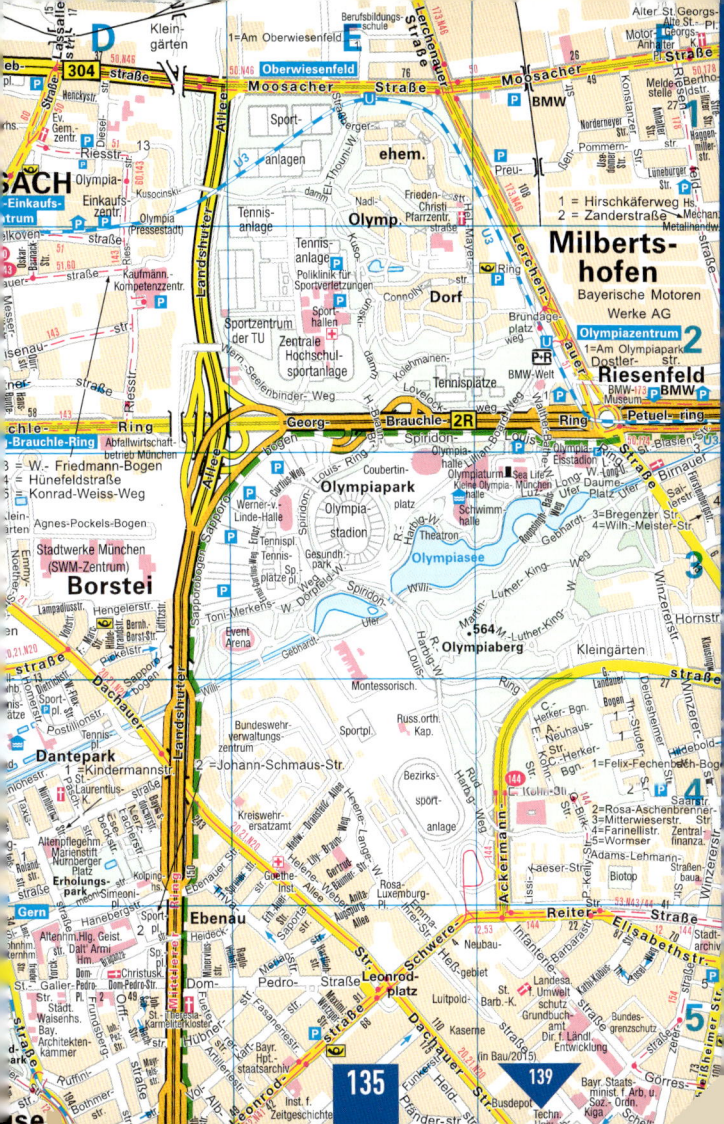

Grid references (top): D, E, F

Districts and places:
- Bauhaus-pl.
- Max-Bill-pl.
- Frankfurter Ring
- Föhringer Ring
- Studentenstadt
- Neuer Israel. Friedh.
- Alte Heide
- Nordfriedhof
- SCHWABING-FREIMANN
- Englischer Garten
- Hirschau
- Oberföhring
- Isarwehr Oberföhring
- Biederstein
- Dietlindenstr.
- Herzogpark
- Kleinhesseloher See
- Neues Seehaus
- Hirschau
- Priel
- Englischer Kleinhesselohe
- Arabellapark
- FKK-Gelände
- Aumeister
- Tennis-stadion
- Max-Planck-Institut

Legend D:
1 = Ludwig-Hilberseimer-Str.
2 = Hannes-Meyer-Straße
3 = Marchgrabenweg
4 = Kohlrauschstraße

Legend (grid 2):
1 = Karl-Beck-Weg
2 = Westfalenstraße

Legend (grid 3, Oberföhring):
1 = Kurzmannweg
2 = J.-Wassermann-W.
3 = Dingelstedtweg

Legend (bottom):
5 = Ernst-Toller-Pl.
6 = Antonienstr.
7 = Biederstein
8 = Maasweg
9 = Beltweg
10 = Etschweg
11 = Jungwirthstr.
12 = Gunezrainerstr.
13 = Knollerstr.
14 = Wagnerstr.
15 = Nikolaipl.
16 = Dillisstraße
17 = A.-Erminger-Pl.
18 = Soxhletstraße
19 = Theodor-Dombart-Straße

Route numbers shown: 9, 11, 76, 2R

Page markers: 137 (center bottom), 141 (bottom right)

Scale: 500 m

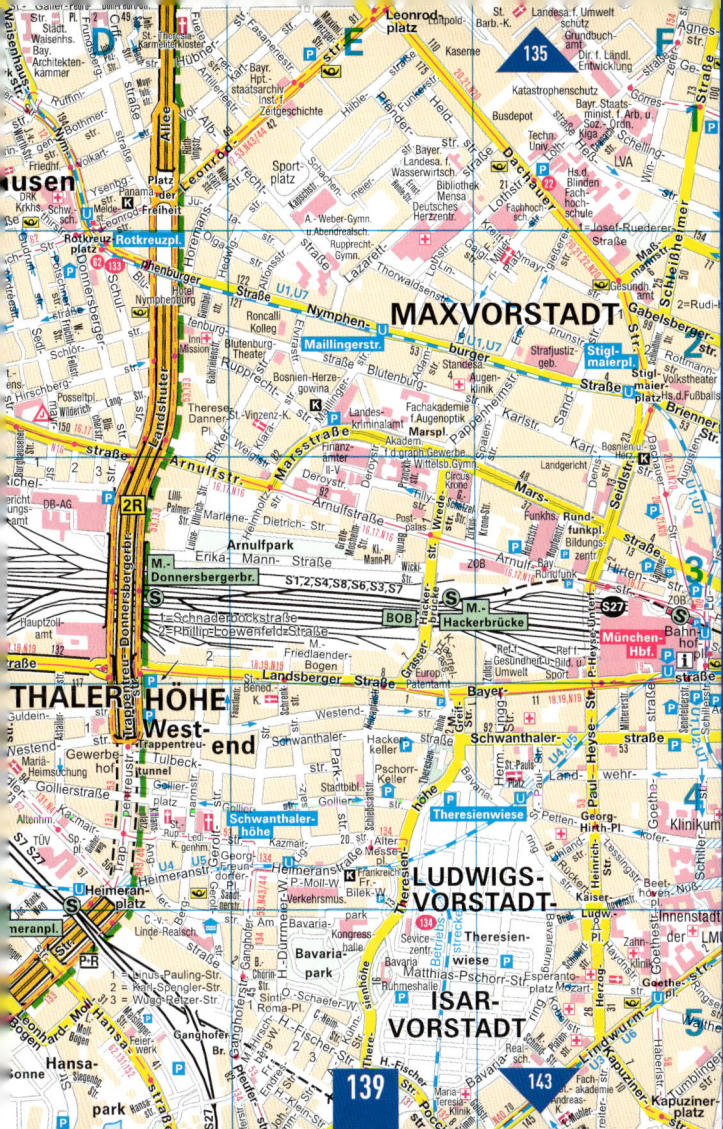

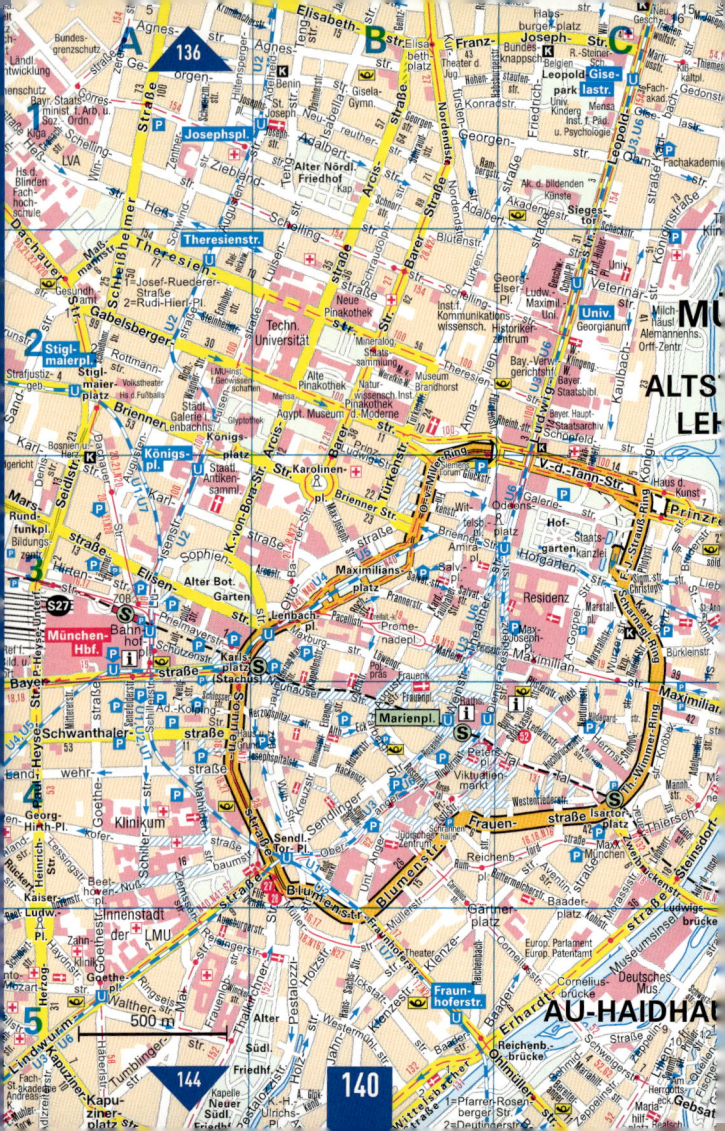

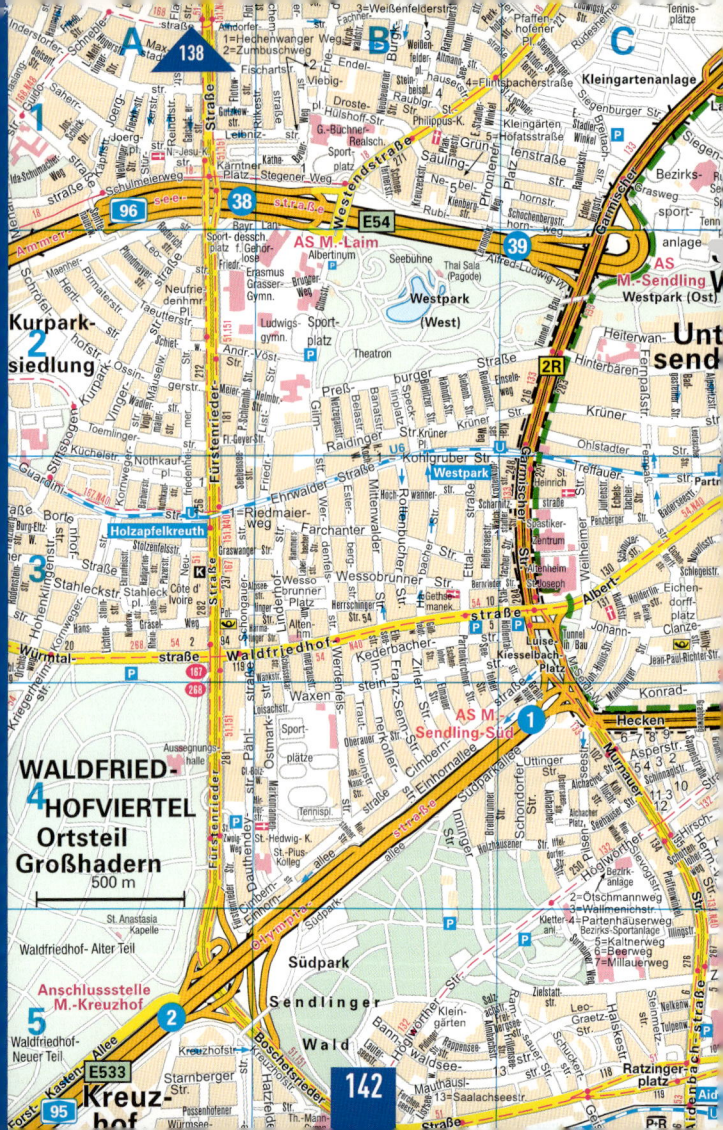

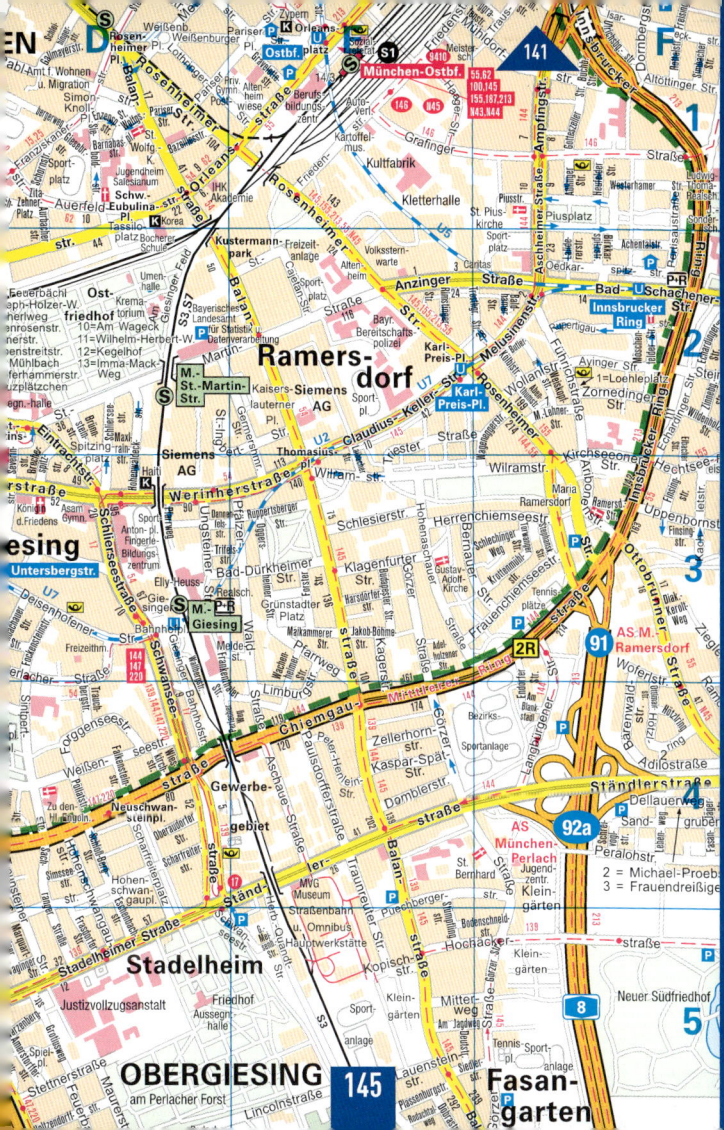

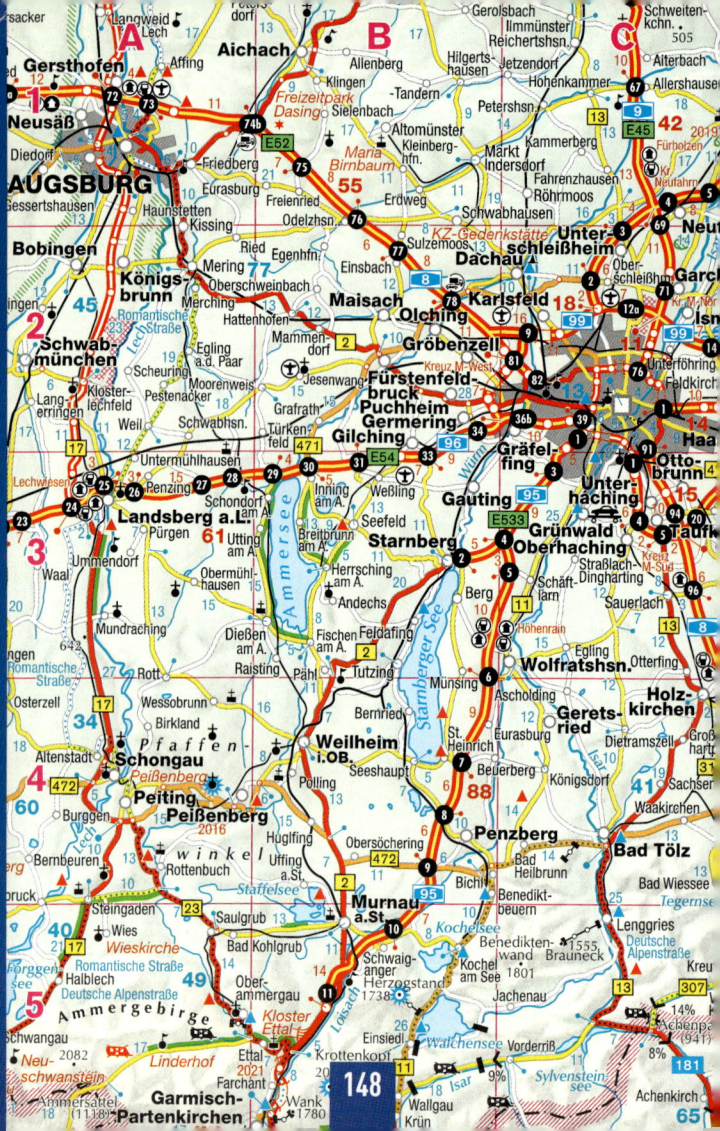

Das Register enthält eine Auswahl der im Cityatlas dargestellten Straßen und Plätze

STRASSENREGISTER

Döderleinstraße 143/D4
Domagksstraße 136/C1
Dominik-Brunner-Weg (1) 146/A5
Dom-Pedro-Platz 135/D5
Dom-Pedro-Straße 135/D5
Donaustraße 141/E2
Donauwörther Straße 134/A1
Donnersbergerbrücke 139/D3
Donnersbergerstraße 139/D2
Dornbergstraße 141/F5
Dostlerstraße 135/F2
Drachenseestraße 143/D3
Dreimühlenstraße 143/F2

E

Edlingerplatz 144/B2
Eduard-Schmid-Straße 144/B2
Effnerplatz 141/F1
Effnerstraße 137/F5
Eggenstraße 141/D4
Eggmühler Straße 134/A1
Ehlersstraße 147/F3
Ehrwalder Straße 142/B3
Eichthalstraße 147/F3
Eininger Straße 134/A1
Einsteinstraße 141/D4
Eintrachtstraße 145/D2
Eisenmannstraße 132/C3
Elektrastraße 141/F1
Elisabethplatz 136/B5
Elisabethstraße 135/F5
Elisenstraße 132/A2
Elsässer Straße 141/E4
Elsenheimerstraße 138/C3
Elvirastraße 139/E2
Emil-Geis-Straße 143/E4
Emil-Riedel-Straße 141/D2
Engelhardstraße 143/E3
Englschalkinger Straße 137/F5
Enhuberstraße 140/A2
Erhardtstraße 140/C5
Erich-Kästner-Straße 136/B4
Erich-Mühsam-Platz 136/C4
Erika-Mann-Straße 139/D3
Erzgießereistraße 139/F2
Esperantoplatz 139/F5
Esswurmstraße 143/E3
Ettalstraße 142/B3
Ettstraße 132/C3
Euckenstraße 143/D3
Europaplatz 141/D3

F

Fachnerstraße 138/B5
Färbergraben 132/C3
Falkenstraße 144/C2

Fallmerayerstraße 136/B4
Farchanter Straße 142/B3
Feilitzschstraße 136/C4
Feldafinger Platz 146/A4
Feldmochinger Straße 134/C2
Fernpaßstraße 142/C2
Finkenstraße 133/D1
Flemingstraße 137/E5
Fliegenstraße 140/B4
Flurstraße 141/E4
Föhringer Ring 137/F1
Frankfurter Ring 136/A1
Franziskanerstraße 141/D5
Franz-Josef-Strauß-Ring 133/F2
Franz-Joseph-Straße 136/B5
Franz-Mader-Straße 134/A3
Franz-Senn-Straße 142/B3
Frauenchiemseestraße 145/E3
Frauenlobstraße 140/A5
Frauenplatz 132/C3
Frauenstraße 133/D4
Fraunbergstraße 143/E5
Fraunhoferstraße 140/B5
Freiburger Platz 138/A4
Freizeitpark Biederstein 137/D4
Friedenheimer Brücke 138/C2
Friedenheimerstraße 138/B5
Friedensstraße 145/E1
Friedrichstraße 136/C5
Friedrich-von-Pauli-Straße 138/C4
Fritz-Winter-Straße 137/D1
Fromundstraße 144/C4
Führichstraße 145/F2
Fürstenrieder Straße 142/A4
Fürstenstraße 140/B2

G

Gabelsbergerstraße 139/F2
Gärtnerplatz 133/D5
Gärtnerstraße 134/C2
Gaißacher Straße 143/F3
Galeriestraße 133/E1
Galileiplatz 141/E2
Ganghofer Brücke 139/D5
Ganghoferstraße 143/E2
Garmischer Straße 138/C5
Gebsattelstraße 140/C5
Gedonstraße 136/C5
Geiselgasteigstraße 147/D5
Georg-Birk-Straße 135/F4
Georg-Brauchle-Ring 134/C2
Georg-Elser-Platz 140/B2
Georgenschwaigstraße 136/B2
Georgenstraße 136/A5
Georg-Freundorfer-Platz 139/D4
Georg-Hirth-Platz 139/F4

Georg-Lotter-Weg 138/C4
Gerastraße 134/B1
Gerhardstraße 144/B3
Germaniastraße 136/C4
Gerner Brücke 134/C5
Geroltstraße 139/D4
Gertrud-Grunow-Straße 137/D1
Geschwister-Scholl-Platz 140/C2
Gewürzmühlstraße 140/C3
Giesinger Berg 144/C3
Gilmstraße 142/B2
Giselastraße 136/C5
Glogauer Straße 134/A1
Glückstraße 133/D1
Gneisenaustraße 134/C2
Görresstraße 135/C4
Görzer Straße 145/E3
Goetheplatz 139/F5
Goethestraße 139/F5
Gollierplatz 139/D4
Gollierstraße 139/D4
Grafinger Straße 141/E5
Grasserstraße 139/E3
Greinerberg 143/E5
Griechenstraße 147/E3
Griegstraße 136/B1
Grillparzerstraße 141/E3
Gröbenzeller Straße 134/A2
Grüntal 137/F4
Grünwalder Straße 144/B4
Grütznerstraße 141/D4
Günzburger Platz 134/A1
Guido-Schneble-Straße 138/A5

H

Habsburgerplatz 136/C5
Hackenstraße 132/C4
Hackerbrücke 139/E3
Hahnenstraße 140/C3
Haidenauplatz 141/E4
Haimhauserstraße 136/C4
Halmstraße 142/C4
Halskestraße 142/C5
Hanauer Straße 134/C3
Hansastraße 138/C4
Hans-Döllgast-Straße 136/C1
Hans-Fischer-Straße 139/E5
Hans-Mielich-Straße 144/B3
Hans-Preißinger-Straße 143/F4
Hans-Sachs-Straße 140/B5
Hardenbergstraße 134/C2
Harlachinger Berg 147/D3
Haydnstraße 139/F5
Hechtseestraße 145/F3
Heckenstallerstraße 142/C4
Heigelstraße 147/F3
Heimeranplatz 139/D4

STRASSENREGISTER

STRASSENREGISTER

ABC

Im Register finden Sie alle in diesem Reiseführer beschriebenen Sehenswürdigkeiten, Museen und Ausflugsziele sowie die Namen wichtiger Personen.

IMPRESSUM

SCHREIBEN SIE UNS!

> *Liebe Leserin, lieber Leser,*

wir setzen alles daran, Ihnen möglichst aktuelle Informationen mit auf die Reise zu geben. Dennoch schleichen sich manchmal Fehler ein – trotz gründlicher Recherche unserer Autoren/innen. Sie haben sicherlich Verständnis, dass der Verlag dafür keine Haftung übernehmen kann.

Wir freuen uns aber, wenn Sie uns schreiben.

Senden Sie Ihre Post an die
MARCO POLO Redaktion
MAIRDUMONT, Postfach 31 51
73751 Ostfildern
info@marcopolo.de

IMPRESSUM

Titelbild (von li. nach re.): Getty/B. Sporrer, Getty/J. Stumpe, Denis Pernath, Stockfood/Peer Wörmann
Fotos: huber-images/Bäck (1); T. Binder (8, 13, 19, 24/25, 30, 38, 43, 51, 56/57, 61, 66, 74, 80/81, 86, 91, 92, 112, 117, 126, 158); Motel One (106/107); T. Stankiewicz (82)

4., aktualisierte Auflage 2015
© MAIRDUMONT GmbH & Co. KG, Ostfildern
Chefredaktion: Marion Zorn
Projektmanagement: Ann-Katrin Kutzner
Redaktion und Lektorat: Simone Nörling, derschönstesatz, Köln
Autoren: Amadeus Danesitz, Alexander Wulkow; Koautoren: Stefan Bernhard, Nicole Wagenstetter
Bildredaktion: Gabriele Forst
Kartografie Cityatlas: © MAIRDUMONT, Ostfildern
Gestaltung Cover: fpm factor product münchen; Innengestaltung: Katharina Kracker

FSC
www.fsc.org
MIX
Paper from responsible sources
FSC® C124385

Bild: Münchens günstigstes Freibad – der Kiesstrand an der Isar

48 h

> Spaß haben und jede Menge sparen! Wir haben Ihnen zwei erlebnisreiche Tage aus dem Band zusammen- und vergleichbaren „normalen" Aktivitäten gegenübergestellt

> **SA** Ausgestattet mit einer **MVV-Tageskarte** steht zunächst Fitness an: ein paar morgendliche Bahnen im **Olympiabad** *(S. 42)* und die restlichen Muskeln werden im Fitnessbereich auf Trab gebracht. Erfrischt geht's zum Shoppen in den **Hallhuber-Lagerverkauf** *(S. 74)* mit Casual Wear zum Schnäppchenpreis. Hunger? Im **Pepenero** *(S. 64)* in Schwabing gibt's günstiges und leckeres Mittagessen *all'italiana.* Der anschließende Besuch im Münchner Stadtschloss, der **Residenz** *(S. 15)*, entführt in die Zeit der Renaissance. Nach diesem Adelsausflug stimmt ein Cocktail im **Padres** *(S. 87)* zur Happy Hour auf den Abend ein. Günstige bayerische Schmankerl und echte Maxvorstädter gibt's anschließend in der **Max-Emanuel-Brauerei** *(S. 53)*. Lust, Tanzen zu gehen? Ab in die **089 Bar** *(S. 88)*, aber vor 22.30 Uhr! Egal wie spät es wird, die Bettruhe ist for free dank Couchsurfing. Vielleicht spendiert der Gastgeber sogar noch einen Schlummertrunk.

> **SO** Mit einer neuen **MVV-Tageskarte** geht's gleich nach dem Aufstehen Richtung Pini zum kleinen Frühstück und danach hinein ins Kulturwunderland: Viele städtische Museen verlangen am Sonntag nur 1 Euro Eintritt, etwa die **Neue Pinakothek** *(S. 27)*. Dort erwarten einen Meisterwerke von Vincent van Gogh über Caspar David Friedrich bis hin zu Egon Schiele. Zum mittäglichen Schmaus führt der Weg in den legendären **Schelling-Salon** *(S. 53)*; die perfekte Grundlage für einen Spaziergang durch den Englischen Garten bis zum Haus der Kunst, wo die **Eisbachsurfer** die Welle reiten *(S. 45)*. Jetzt noch eine kleine Stärkungspause im **Enchilada** *(S. 57)* eingelegt, bevor Sie selbst noch einmal aktiv werden – beim kostenlosen Schnuppertanzkurs in der **Max-Emanuel-Brauerei** *(S. 53)*. Im Eintrittspreis von 7 Euro ist dort übrigens auch ein 3-Euro-Getränkebon enthalten.

LOW BUDGET
WEEKEND

	LOW BUDGET		REGULÄR
SA			
MVV-Tageskarte	6,20€	5 Einzelfahrten	13,50€
Fitness im Olympiabad	4,40€	1 h Fitnessstudio regulär	20,00€
Shopping im Hallhuber-Lagerverkauf	50,00€	Shopping im Kaufhaus Hallhuber normal	100,00€
Pepenero (Mittagessen)	7,00€	Mittagessen im Restaurant	18,00€
Münchner Residenz Gesamtkarte	13,00€	Münchner Residenz Einzelkarten	17,50€
Padres (Cocktail Happy Hour)	5,50€	Cocktail in einer Bar	10,00€
Schweinshaxn Max-Emanuel-Brauerei	6,50€	Schweinshaxn regulär	12,00€
089 Bar (Eintritt frei, 2 Bier)	7,00€	Abend im Club	17,00€
Übernachtung Couchsurfing	🐷	Hotel (ohne Frühstück)	80,00€
SO			
MVV-Tageskarte	6,20€	5 Einzelfahrten	13,50€
Frühstück im Café Pini	3,00€	Frühstück im Café	12,90€
Neue Pinakothek	1,00€	Neue Pinakothek	7,00€
Paprikahuhn Schelling Salon	6,30€	Mittagessen	15,00€
Zuschauen bei den Eisbachsurfern	🐷	Sportevent	28,00€
Burger im Enchilada	9,90€	Burger im Restaurant	13,00€
Max-Emanuel-Brauerei 1 h Tanzkurs plus Getränk	7,00€	Tanzkurs	65,00€
GESAMT	**133,00€**	**GESAMT**	**442,40€**

> GESPART   309,40€

48 h

> Zwei Tage zusammen im Luxus schwelgen und dabei ordentlich sparen. Mit 48 h Luxus Low Budget im Vergleich zu den regulären Preisen von Highclass Hotels und Co.

> **SA** Viele Münchner Nobelherbergen haben Angebote am Wochenende, wie etwa das City-Break-Arrangement im **Hotel Bayerischer Hof** *(S. 112)*: zwei Nächte inklusive Champagnerfrühstück, ein Vier-Gänge-Menü und ein Cocktail in der legendären falk's Bar. **Parsdorf** *(S. 74)* mit seinen vielen Markenoutlets ist das erste Ziel. Also rein ins Taxi und ab zur Schnäppchenjagd in die Edeloutlets von Käfer, Ludwig Beck oder Palmers. Anschließend wartet in **Geisel's Vinothek** *(S. 68)* edle Küche zum kreditkartenschonenden Preis. Danach ist bayerisches Einkleiden angesagt: Die Dirndl und Lederhosen im **Wiesn Tracht & Mehr** *(S. 75)* sind authentisch und supergünstig. Bevor es zu einem **Opernabend ins Nationaltheater** *(S. 34)* geht, gönnen Sie sich noch ein kulinarisches Highlight im **Restaurant 181** *(S. 68)*. Ein vorzüglicher Cocktail, natürlich in der **falk's Bar** *(S. 113)*, rundet einen spannenden Tag ab.

> **SO** Der Sonntag ist der richtige Tag, um sich nach dem Champagnerfrühstück im **Bayerischen Hof** *(S. 112)* entspannt durch München treiben zu lassen. Ideales Fortbewegungsmittel: die **Museumslinie 100** *(S. 11)*, die an allen großen Sehenswürdigkeiten vorbeiführt. Auf der Strecke liegt auch das **Museum Brandhorst** *(S. 14)*: Springen Sie aus dem Bus und machen Sie einen Ausflug in die Welt von Andy Warhol und anderen Künstlern des 20 Jhs. Nach diesem außerordentlichen Kunstgenuss stehen kulinarische Freuden auf dem Programm. Vier Gänge erwarten Sie als Teil des gebuchten Hotelarrangements im exklusiven **Garden Restaurant** *(S. 113)* im Bayerischen Hof. Und danach? Noch einmal so richtig entspannen? Kein Problem, denn mit Blick über die Dächer Münchens lässt es sich im **Blue Spa** *(S. 40)* mit seiner sagenhaften Dachterrasse bestens erholen – Sauna, Fitness und Pool warten auf Sie.

LOW BUDGET
LUXUS WEEKEND

LUXUS LOW BUDGET   REGULÄR

SA

City-Break-Arrangement Doppelzimmer (bei mind. 2 Übernachtungen) im Bayerischen Hof	**798,00 €**	
Taxitransfer (hin u. zurück)	**70,00 €**	
Lagerverkauf Parsdorf	**200,00 €**	
Mittagessen Geisel's Vinothek..	**19,50 €**	
Dirndl Wiesn Tracht & Mehr	**80,00 €**	
MVV-Tageskarte	**6,20 €**	
Menü im Restaurant 181	**42,00 €**	
Opernkarten Nationaltheater		
Kategorie 4	**41,50 €**	
Cocktail falk's Bar (im Arr.).....	🐷	

REGULÄR

2 Übernachtungen Doppelzimmer im Bayerischen Hof	**740,00 €**
Mietwagen	**148,00 €**
Käfer, Ludwig Beck, Palmers Lunch Schuhbecks	**400,00 €**
Südtiroler Stuben	**98,00 €**
Dirndl regulär	**299,00 €**
À la carte im Restaurant 181	**62,00 €**
Opernkarten Nationaltheater	
Kategorie 1	**101,50 €**
Cocktail regulär	**14,00 €**

SO

Champagnerfrühstück im Bayerischen Hof (im Arr.)	🐷
MVV-Tageskarte	**6,20 €**
Museum Brandhorst	**1,00 €**
4-Gänge-Menü Garden Restaurant Bayerischer Hof (im Arr.)	🐷
Hotel Spa	🐷

Champagnerfrühstück	**39,00 €**
MVV-Tageskarte	**6,20 €**
Museum Brandhorst	**7,00 €**
4-Gänge-Menü Garden Restaurant im Bayerischen Hof	**68,00 €**
Day Spa (Sauna, Fitness, Pool)	**38,00 €**

GESAMT.................. **1264,40 €**   **GESAMT** .... **2020,70 €**

> GESPART   756,30 €

Schnellbah